人事・賃金の基本と実務運用の仕方がわかる本

齋藤清一 ［著］

中央経済社

はじめに

　わが国が世界のグローバル社会で競い合い，生き残っていくためには，昨今の世界基準の人事制度である能力・役割・成果主義（日本型成果主義）の導入は必至である。

　この能力・役割・成果主義（日本型成果主義）人事は運用が決め手になる。

　マネジメントに関わるシステムは理念をベースにあるべき姿で制度化するため，往々にして制度と実態とが乖離している場合がある。そのため，理念や理論どおりに実行すると現場に混乱を招く場合がある。人事制度構築の目的を達成するためには，労使であるべき姿に到達するための運用方法を考え，制度の定着に努力をしなければその効果を高めることはできない。人事は社会経済環境の変化に柔軟に対応しなければその効力を失うのである。

　本書では，新型コロナウイルスの感染拡大を契機に一気に広がった企業と社員の関係の変容を受けて，新たな人事制度のあり方を提案する。そして，その新・人事制度が社員と組織の成長に結びつくことを願い，そのあるべき理論と実務運用の機微を本音で論述する。

働き方が多様化する現代の人事のあり方を問う

　日本型賃金や雇用制度のあり方や働き方が大きな転換期を迎えている。そのきっかけは，世界を揺るがした新型コロナウイルスの感染拡大による「パンデミック」であった。経済的影響は2008年のリーマン・ショックを上回る事態になり，景気の悪化は第二次大戦後では未曽有の落ち込みとなった。世界金融市場には動揺と不安が広がり，リストラ，解雇などによる失業率の悪化，求人倍率の低下が明確になっている。総務省発表の労働力調査によると，2017年5月以来，近年は人手不足を背景に失業率は2％台の低水準で推移していたが，新型コロナウイルス感染症の拡大による景気低迷によって悪化に転じたとしている。雇用環境は特にパートやアルバイト，契約社員などの非正規雇用で厳しい。

また，新型コロナウイルス感染防止対策として，リモートワーク（在宅勤務）が急速に進んだ。リモートワークの普及は従来の働く価値観を大きく変えた。日本の人事は，急速に広がるデジタル化によって従来の対面による人事管理から働き手の自律管理への転換を余儀なくされている。政府も急速に進む産業構造の再構築や規制緩和に向けて，デジタル庁の新設など働き手の働きやすい環境整備や諸制度の見直し等の改革・改善・整備を巡る議論を活発に進めている。

　本書では特に人事に的を絞り，人事・賃金制度改革の進め方について，その理論と実際，運用の妙技について本音で解決案を語りたい。

　わが国は長年にわたり年功重視の人事・賃金制度を実施してきたために，社員の多くは学歴や勤続などの年功によって肩書も賃金も一律的に，しかも半ば自動的に上昇するという社員の期待感が職場風土に根づいている。しかし今日のコロナ大不況に打ち勝つためには，このような意識を払拭し，世界基準である成果重視の「ジョブ型雇用」に切り替えることが焦眉の急である。すなわち，従来のメンバーシップ型から欧米のジョブ型雇用への転換である。日本の働き方改革の柱は「長時間労働の是正」であったが，ジョブ型雇用は労働時間の長さが賃金にはならない，仕事の価値と成果が賃金額を決める欧米型賃金である。

　また，コロナを契機に，オフィスの外でも仕事ができるという成功体験が社会に共有され，リモートワークが就労の1つの形態として定着した。社員がそれぞれの場所で自律管理で業務を遂行するので，就業管理や評価軸も変えざるを得ない。

　能力・役割・成果主義（日本型成果主義）人事へのパラダイム転換が焦眉の急であるが，そういわれても急には変われない社員も多い。人事・賃金制度の改革の成功の秘訣は，企業ニーズや社員の就労状況を見ながら穏やかにあるべき姿に軟着陸するしかない。そのためには，いくつかの実務運用ステップが必要になる。社内PR誌や諸規定を作成し，何度かの説明会や勉強会を実施した程度では，その効果はほとんど期待できない。

　つまり，能力・役割・成果主義人事を単なる人件費管理や人事管理の政策な

どと解釈し，人事部任せにしておく程度の企業感覚では社員意識や行動改革を進めることは難しい。能力・役割・成果主義は前半と後半に分かれる動態的人事システムでもある。職業生活の前半は能力主義，後半は役割・成果主義であり，能力主義の上に役割・成果主義は成立する。したがって，役割・成果主義を導入するためにはまず能力主義人事の土台を固めないと役割・成果主義自体の存在が問われることになる。

　実はこの能力主義人事が問題なのである。能力と実力は違う。能力とは，知っている，できるの概念であり，学歴や勤続などのインプット論でもある。そのため，多くの専門知識や技術，また資格免許や経験を持つ者が能力ありとして評価される。しかし，実力とは，今何をやっているのか，その成果は何か，すなわち組織に対する利益貢献度の有無を問うもので，実力のある者は必ず成果を創り出すとの考え方を基本とする。したがって，どんなに学歴や経験（習熟）があり，資格免許をたくさん持っていても，成果がなければ実力はないとするアウトプット論である。

　一方で，人事で大切なことは，人には感情があるということだ。人事の判断には人に関することからややもすると情実が絡む場合が往々にしてある。人事はいつも客観的な基準に従って公正，公平であらねばならないことは誰でも理解しているところであるが，時と場合によっては雰囲気や組織内の業務の流れ，人間関係などを考慮して特認処理をすることがベターな場合がある。

　経営者は，これらの特認判断に悩むことがないように，「社員にどのような貢献を期待しているのか」について人事制度を通じて分かりやすく公開しておくことが望ましい。ここで大切なのは，社員への期待像（行動やスキル）である。期待像は，企業を取り巻く競争環境や労働市場の状況，企業内の組織構造の内容によって，常に変化していくことを理解しておくことが必要である。先輩達と同じ成果や貢献を期待しても，世代が変われば今までの考え方やプロセス成果は理解してもらえない場合も多々あるからだ。

　したがって，人事制度は変化に対して毎年柔軟に見直し，改定することが望ましいといえる。しかし，人事制度が毎年変わることは社員に不信感を抱かせ

ることになるので，制度の変更ではなく，運用を通じて状況の変化に柔軟に対応するのがベターといえる。つまり，人事制度を見直し，制度改定するまでは条文の解釈による運用で対処することになる。こうすることで制度設計の手間が省ける。そして，運用で遂行した課題解決の手段や方法の成功事例等を積み重ねた後に，整理して新たな制度として規定化する。そのペースは3年から4年に1回程度行うのが望ましい対処方法である。

　これらの改革・改善の手順を頭に置きながら，まず理論を理解し，次に自社の実務を確認し，あるべき姿との間に乖離があるなら運用でその穴を埋める。これが人事・賃金制度改革のスムーズな進め方である。

本書の主な特徴

　本書は第1章から第5章で構成する。各章のポイントは下記のとおりである。

　第1章「働き方新時代の人事と賃金のあり方」では，働き方の変化に対応する新たな人事・賃金制度のベースになる能力・役割・成果主義（日本型成果主義）人事制度の概要を紹介する。職業人生の前半は能力主義（インプット論），後半は役割・成果主義（アウトプット論）の適用が望ましい人事制度といえること，また部課長昇進の実力審査のあり方や昇格・降格自由自在の事例紹介，ジョブ型人材の採用，能力を基本ベースにするツーラダー人事制度システムの有効性，システムを動かす目標面接をスタートとする人事考課のノウハウを解説している。

　第2章「能力・役割・成果主義賃金制度の総点検」では，組織の要である管理職，専門職，専任職の役割の違いによる賃金のあり方や基本給の組み立て方を明示している。賃金設計には相応の時間を要するが，筆者が開発した「半日でできる簡便な賃金表の作り方」を初めて公開するほか，モデル賃金の作成とモデルカーブの線引き，シニア社員，中途採用者の賃金の決め方，年俸制賃金の構成，賃金と切り離した賞与，退職金，また第4の賃金といわれる成果配分賃金の支給方法，賃金支払能力の検証方法などを解説している。

　第3章「採用から退職まで，新・人事制度の実務運用」では，新卒採用面接，新規学卒者のジョブ型採用の留意点，パートタイマー労働者の賃金，昇給の決

め方，パートタイマーの賃金の設計，時間給の算定方法など，採用から退職までの人事全般にわたるノウハウを解説している。

　第4章「人材育成論とその実際」では，実際に部下の育成を担う管理職の重責を論じている。新型コロナウイルス感染拡大をきっかけにテレワークが定着し，働き方が大きく変化しているなか，折しも政府は副業，兼業の残業時間の取り扱いについて新ルールを発表（2020年9月）した。会社と社員の結びつきが大きく変容しているなかで，管理職の果たすべき役割は重大である。そこで，人材育成の要である管理者の再教育が必要であることを解説している

　第5章「人事・賃金制度改革の成功の鍵」では，人事管理制度の歴史的変遷を見ることで社会経済環境の変化と人事戦略について確認し，新たなジョブ型人事システムへの転換と人事制度構築の基本的要件，人材活用戦略など実務のノウハウを解説している。

　人事・賃金制度はあくまでも社員の満足と働きがいを示した会社との契約書である。契約書はオープンにできるものでなければならない。社員が安心して自由な立場で，全力で働けるからこそ企業発展につながる。筆者は，人事・賃金制度は社員が働くにあたっての原点と考え，40年来コンサルタントとして訴え続けている。

　なお，本書の人事賃金理論の構成は，人事賃金の大家で恩師である故楠田丘先生（元日本賃金センター代表幹事）の理論をベースに，筆者が学会，学説，またコンサル先から得た知見と経験からまとめたものである。

　最後に，本書の出版にあたってご多忙のなか気持ちよく何度も労をとっていただいた株式会社中央経済社編集長 杉原茂樹氏に心から感謝の気持を申し上げたい。本当にありがとうございました。

2022年6月吉日　齋藤　清一

目　次

第 1 章　働き方新時代の人事と賃金のあり方

第2章　能力・役割・成果主義賃金制度の総点検

第5章 人事・賃金制度改革の成功の鍵

第 1 章

働き方新時代の人事と賃金のあり方

　2020年，春季労使交渉のリード役だったトヨタ自動車が，ベースアップを見送った。「(ベアに) 応えることがみんなの幸せにつながるとは思えなかった」「賃金を上げ続けることは競争力を失うことになる」と，豊田社長はかねてから「一律はフェアではない」とベアに否定的な姿勢を示していた。このことは日本型の賃金や雇用制度が大きな転換期を迎えていることを意味する。

　一律のベアや定期昇給を核にした年功序列型の賃金体系である「日本型 (メンバーシップ型) 雇用」から，職務内容を明確化し専門能力や成果に応じて処遇する「ジョブ型雇用」が急速に進みそうだ。

　一律ベアに象徴される日本型雇用では，社員の能力ややる気を引き出せなくなっているという危機感がトヨタばかりではなく，大企業共通の認識になっている。

1 / 人事・賃金制度のベストな選択

1−1　日本の人事制度の変遷

　65歳定年制に向けて，2013年に「高齢者安定法」が法制化され，いよいよ高齢化社会本番の幕は切って落とされた。従来の日本的経営の特徴を一言でいえば，終身雇用，年功序列賃金，企業内労働組合の3点であった。これらの制度は，1960年頃から始まった高度経済成長の好循環の中で根づき日本の成長を支えてきた「3種の神器」と呼ばれている。

　しかし，今や，新型コロナショックで世界経済は第二次大戦後に次ぐ未曽有の落ち込みとなった。リーマン・ショックを超えた最悪の経済環境の中で，日本の「3種の神器」は，もはや現実的な適応性を失っている。折しも，ヨーロッパの通貨信用不安に始まり，アメリカファーストによる米中の貿易摩擦など，世界各国は個別主義化の様相を呈し，日本の古典的な年功役職職階制度の学歴，勤年（経験），性別をファクターとする人事制度は時代にそぐわなくなった。

　また，時代とともに働きがい，生きがい，労働観や生活観などの意識が大きく変わってきている。さらに，1人ひとりの価値観は多様になり，まさに同一価値観を持たなくなった異質な人達が同一企業で働いている。このようなバラバラの価値観を持つ異質人材を組織人として受け入れ，育て，「育った人材」を適材適所で有効活用をする人事制度が，今日求められている。

　ここで，日本の人事制度の変遷を時代を追って見てみよう。産業経済の構造変化の進展とともに見てみると，おおよそ15年刻みで人事制度が変わってきたことが分かる。

　まず1960年〜1975年は，戦後の経済復興から日本はようやく立ち直ったが，まだ生活に汲々とした生活第一の時代であった。

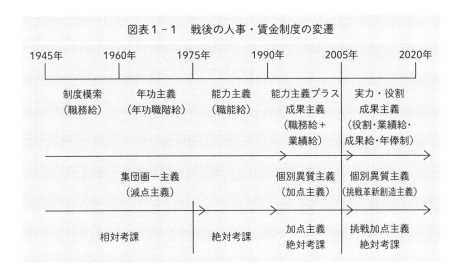

図表1−1 戦後の人事・賃金制度の変遷

1945年	1960年	1975年	1990年	2005年	2020年
制度模索 （職務給）	年功主義 （年功職階給）	能力主義 （職能給）	能力主義プラス 成果主義 （職務給＋ 業績給）	実力・役割 成果主義 （役割・業績給・ 成果給・年俸制）	

集団画一主義 （減点主義）			個別異質主義 （加点主義）	個別異質主義 （挑戦革新創造主義）

相対考課		絶対考課	加点主義 絶対考課	挑戦加点主義 絶対考課

　この1960年から1975年は，年の功という考え方を大切にした時代であった。この時代の知識，技術の変化やスピードは非常にゆっくりとしていたし，仕事の知識，技術は長い年月をかけて身につけることができた。いわゆる，年をとった人には功があった。また，職人芸といわれる技能を持つ人々が数多くいたが，その技能の修得，習熟経験（勤続）がものをいう時代でもあった。

　この時代の人事制度は，年功主義や年功職階主義と呼ばれ，経験（勤続）や学歴，性別，身分をベースに人事処遇基準とする明快な制度であった。

　また，学歴は能力と評価され，大卒者は大学を出ただけで入社時からエリート社員扱いで大切にされ，特別教育を受けた。人事賃金処遇においても，大卒というだけで優遇された時代である。1つの仕事を長く，辛抱強く，真面目にやっていれば，ある程度の技能や技術を身につけることができ，職業人としても格好がついたゆとりのあるいい時代だった。

　賃金は年齢別生計費をベースにした右肩上がりカーブで，どんどん上昇した。当時の日本の経済成長率は8.2％の高度経済成長期（昭和元禄）であった。

　その後，オイルショックやバブル景気の崩壊（1955〜1973年頃高度経済成長，1973年第一次オイルショック，1991年バブル景気の崩壊）によって日本の高度経済成長は終焉を迎えた。

その後の不景気の中でも，免許産業といわれる病院，学校，運輸，通信，建築など国の優遇税制や診療報酬などの適用を受ける保護産業は，手厚い保護のもとで現在まで特段の経営努力もなく収益をあげてきた。年功主義人事で十分経営が成立したのである。

　しかし現在，医療費の赤字問題は国家財政破綻に直結する一大事であり，政府は，聖域を設けず，財政再建に取り組む方針を明らかにし，厳しい淘汰の時代が到来している。

　2000年以降は超高齢化，人手不足，デジタル化が進み，政府は働き方改革によりテレワークの推進や労働時間の上限を法制化し，「ゆとり」ある働き方や働きがいを意味する「エンゲージメント」を後押ししている。このエンゲージメント（社員1人ひとりが愛社心を持ち社員と企業が一体になりお互いに成長発展をする絆を深める関係）は，生産性向上や社員の離職防止などにつながるとして重視する企業が増えてきている。

　2020年4月からは正規と非正規の社員の間で不合理な格差を禁じる「同一労働同一賃金」ルールの施行が大企業（中小企業は2021年施行）でスタートしたが，労務トラブルを防ぐためにも「仕事基準」の明確化が必要であり，各企業が抱えた働き方改革の宿題は多い。

　さらに，2020年1月に中国で発生した新型コロナウイルスの感染拡大に歯止めがかからず，パンデミック（世界的流行）を引き起こしている。世界各国の感染拡大封じ込め対策によって人やモノの動きが止まり，生産や消費の減少が世界経済破綻リスク増大の様相を呈している。コロナショックを受けて東京五輪は1年延期の2021年夏の開催となった。世界の金融市場の動揺も止まらない。新型コロナウイルスの感染封じ込めに手間取れば手間取るほど，景気悪化に陥る様相である。事態の悪化は大手企業の存続可否の危機にまで至っている。

　そのような非常事態の中で，人々の働き方はリモートワークやフレックスタイム制などへと急速に変容し，企業の人事制度にもスピーディな変化が求められている。

1 - 2　新たな人事・賃金制度へのパラダイム転換

　人事・賃金体系は大別すると，年功主義基準，能力主義基準，役割・成果主義基準（職務主義基準ともいう）の3つがある。どれがベストな選択といえるのだろうか。

　年功主義基準は，学歴，性別，勤続など逆転不可能なファクターをベースにするため問題が多い。そこで，選択は能力主義基準か役割・成果主義基準かの選択となる。これについては，今日のコロナ禍中およびアフターコロナの経営環境を考えると，日本の人材育成型の能力主義人事制度（職能資格等級制度ともいう）[1]ではグローバル社会で生き残ることはできないというのが，数多くの企業の一致した意見である。

＜能力主義人事の主な問題点＞

• 潜在能力を基準にしている	• 等級滞留年数など年功的要素が強い
• 格付けと能力が一致しない	• 職能・役割要件書作りが大変
• 昇格が年功的になっている	• 組織のフラット化に対応し難い
• 資格等級が多すぎる	• 役職と資格の関係が硬直的である
• 卒業方式で降格がない	• 業績や成果に対してのインパクトが弱い

　以上の諸問題にいかに対処したらよいのか，それとも能力主義をやめ役割・成果主義に乗り換えるのか。能力主義は，運用を誤ると年功主義に後戻りをしてしまう危険性を持つ。したがって，新たな人事制度では，後戻りができない仕組みづくりが必要である。すなわち，日本的人事制度のメリットを活かしな

1　能力主義人事（職能資格等級制度）は卒業方式を絶対的理論とするものである。卒業とは下位の職能資格等級の仕事ができれば1つ上の資格等級に昇格することを意味しており，現在，在級する職能資格等級の職務遂行能力は未だ充足しておらず，現在，在級する職能資格等級の職能・役割業務の遂行に必要な知識，技術の修得，習熟に努めている履修中であることを意味する。また，卒業方式は，いったん取得した資格は落第（降格）はないとの理論づけであるので労働組合の賛同も多い。一方，課長に卒業方式を適用するわけにはいかない。課長クラスの職能資格等級の職務が遂行できない状態では，組織運営はできないからである。したがって，課長業務ができる人材を昇格させるのは当然であり，入学試験合格者が入学する入学方式と同様に必然のことである。しかし，管理者としての役割業務の遂行が難しくなれば，降格は自由自在に行われることはいうまでもない。

がら，穏やかに成果主義のメリットも取り入れる新たな人事制度へのパラダイム転換が求められているのである。その主なポイントを挙げれば次のとおりである。

＜新たな人事制度のポイント＞

- 成果反映のメリハリのある考課システムの設計と導入，運用
- 加点主義人事システムの導入
- 企業責任と自己責任による人事・賃金システムの設計と導入，運用
- 外部労働市場（ジョブ型採用）に直結した新賃金システムの構築と運用
- 公募制，FA制を取り入れた内部昇進制の見直し

　役割・成果主義人事へのニーズが一層強まっているが，役割・成果主義人事の定義を要約すると次のとおりである。

＜役割・成果主義人事制度の定義＞

- 成果を継続的に生み出すための人事システムである
- 成果を生み出す要因は「職務遂行能力×モチベーション」である

　役割・成果主義による賃金制度の運用ポイントを挙げれば，次のとおりである。

＜役割・成果主義賃金制度のポイント＞

- 役割・成果主義賃金を導入するトップの人事理念が明確であること
- 前向きな人事理念であること
- 年功人事との違いを徹底的に周知すること
- 役割・成果判定基準が明確であること
- 面接によるコミュニケーションを徹底する
- 能力，努力に応じたチャンスの公平化を徹底すること

　また，役割・成果主義は能力主義の上に成り立つ制度である。能力があるからこそ成果を出すことができる。したがって，役割・成果主義を導入するには，まず能力をしっかりと固める必要がある。しかし，先に示したように，能力主

義にはいくつかの課題がある。なかでも、「卒業方式で降格がない」ことは、今日的な問題に対応ができない。係長までは将来に向けて能力を深め、広げ、高めていく時期であるから処遇は安定的であるほうがよい。しかし、課長クラスともなるとそうはいかない。課長以上で成果を獲得できなければ、経営は成立しないからである。課長以上ともなれば経営責任も問われるクラスであり、成果がなければ潔くピッチャーマウンドを降りるというくらいの重責を全うする強い認識を持つことが大切である。

　次に、それぞれの人事制度についてのメリットとデメリットについての基本的考え方を見てみよう。

1-3　年功主義人事のメリットとデメリット

　年功主義は分かりやすい。性別、学歴、身分は時代感覚として基準には使用できないが、経験（勤続）は一般定型業務に従事するワーカークラスでは十分機能すると考える。産業を問わず、このクラスでは上司や先輩の指示、命令に従って日常繰り返しの定型業務を確実に間違いなく遂行することを期待像として求められる。手順どおりに与えられた課業を遂行すれば、能力も技能も身につくクラスである。

　産業や経営形態にもよるが、ワーカークラスは例外者を除きあまり処遇差をつけないことが働く安心感を与え、人材の定着や円満な人間関係醸成に良い結果をもたらしている。一般的に、このクラスの労働者はお互いに給与、賞与の明細表を見せ合い、話し合っている人が多いのも事実であり、ある例外者を除き人事や賃金に関して波風が立たない。同じ仕事をしている者は人事や賃金も一緒がベターである。

　産業でいえば医療、介護現場で単純労働に携わるヘルパー、介護士などは、その最たる事例である。よほど勤務態度などに差がなければ皆同じで穏やかに処遇する事が望ましい。しかし、係長になったら能力主体の人事考課に移し、考課をしっかりと反映する役割・成果主義人事に切り替えることが労働環境に適応した施策と考えられる。

　このように、年功主義は分かりやすく、社員全員が平等に同じ人事賃金処遇

を受けられるので安心である。

　しかし，年功人事を長くやっていると，どんなに優れた組織でも緊張感がなくなり，社員は過去の既得権にとらわれてリスクのある仕事を敬遠するようになる。また，努力もしなくなり，緊張感もなくなるため，新たな顧客の獲得や顧客ニーズに応えられなくなるのが一般的だ。

　既得権に守られてきた病院，学校などの免許産業は未だに変化に対応できず，経営の近代化に苦悩をしている。

　年功主義人事のメリットとデメリットは次のとおりである。

- メリットは，わかりやすいこと，皆同じなので安心して働けること
- デメリットは，緊張感がなくなるので組織の活力がなくなること（やってもやらなくても同じであれば，皆，働かないし勉強も努力もしなくなる）

1－4　能力主義の人事と賃金

(1)　能力主義人事のメリットとデメリット

　能力主義人事とは，「能力を高め，仕事を高め，賃金を上げる」という三者の高位調和を目指す職能資格等級制度である。現在，多くの企業ではこの三者の高位調和を目指して，能力主義人事ではなく，役割・成果主義人事による等級制度を導入している。

　能力主義の中身は等級基準である。職能資格等級制度で構築されており，等級基準は職種別，等級別に「職務調査」で役割・課業一覧表，役割・職能要件書の形でまとめられている。この仕事は（役割・課業）は何等級レベルの仕事なのか，この仕事はどんな方法で，どこまでやるのかを明確にしている。すなわち質的，量的期待水準やその仕事をやるのに必要な権限と責任の度合い，上役からコントロールされ遂行する程度などを職務遂行能力として，「できる程度をまとめ」ランク付けしている。

　また，その仕事を遂行するために必要な知識要件と技能要件およびその知識・技能要件を身につけるための具体的な手段や方法（図書，研修の受講，資格免許，自己啓発etc.）などが明らかにされているので，やる気のある者はど

んどん自分の能力の限界に挑戦する。努力する者が報われる組織にするために
は，1日も早く逆転可能な能力主義人事制度へ切り替え，戦う競争原理を組織
に根づかせることである。

　能力主義では，職能資格等級制度の資格で賃金（職能給）が決まる仕組みで
あり，資格は社内外のステイタスを表している。この場合の能力は今やってい
る仕事とは関係ないので，能力と仕事のミスマッチが生じることが多く，これ
が能力主義の問題点として指摘されている。

　能力主義人事のメリットとデメリットをまとめると，次のとおりである。

- メリットは，理論的には修得能力（…を勉強する。……を知っている，…
  の知識・技術・技能を有している），習熟能力（…が1人で完全にできる。
  …が援助を受けながらできる）で能力基準を構成しており，能力開発シス
  テムとしては万全であること。労組の賛同も多い。
- デメリットは，役割・課業一覧表，役割・職能要件書の作成とメンテナン
  スが大変であること。基準の維持には相応の時間と費用がかかること。費
  用対効果の問題は，要件書の作成とメンテナンスを怠ると年功基準に陥っ
  てしまうこと。

⑵　能力主義人事・賃金制度の導入にあたって

　能力主義は社員が若いときには力を発揮する制度だが，社員が高齢化すると
人件費増の危険がある。ジョブ型の賃金でなければ，おそらく賃金は過払いに
なるだろう。必然的に役割・成果主義賃金（職務給型賃金）の選択になる。

　これからの人事制度は，序章で述べたとおり能力・役割・成果主義に転換す
ることは無論のこと，賃金は係長クラスまでは能力給（職能給）を，その上の
上級管理職は能力主義人事をさらに発展させた役割・成果主義人事に乗り換え
るツーラダー人事システムとするのがよい。

　役割・成果主義人事は能力主義人事の上に成立する。したがって，まずは能
力主義人事をトータル（評価，育成，活用，処遇）で構築することが求められ
る。評価，育成，活用，処遇のあり方を時代にマッチしたシステムに再構築す

るのである。そのためには，人事・賃金制度の基盤になる能力基準を以下のように再構築しておくことが求められる。

① **能力概念の修正**

能力の機能は「上がる，止まる」だけではない。「下がる」概念を取り入れることである。人事の流れを能力・役割・成果主義人事へ猛スピードでパラダイムを転換する。年功主義適用企業は，まず初めに能力主義に切り替える。それから能力・役割・成果主義に移行する二段構えがよい。しかし，能力基準へ転換しても一向に活性化しない企業がある。活力溢れる企業にするためには，単に競争原理を導入するだけではなく制度をサポートする数々の仕掛けが大事だ。その1つが加点主義人事制度で，チャレンジを引き出す目標面接制度である。

② **降格制度の導入**

能力は放置しておくと陳腐化して使えなくなる。そこで，常に緊張感をもって仕事に取り組むようにするために，「降格制度」を導入する。すなわち能力主義を具体化するには職能資格等級制度の導入が必要だが，職能資格等級制度には「降格」がないことが問題である。能力基準の理論は「卒業方式」を前提に，いったん卒業した資格は能力が陳腐化しても剥奪をしないルールだ。このことは労組にとっては好都合である。実際には能力が陳腐化しても資格を剥奪されないので，賃金処遇は保証される。したがって，職能給でいえば上がるか止まるかの選択肢しかなく，下がるという概念はないので労組は大賛成なのである。

しかし，経営側から考えれば，職能給は能力が落ちても賃金を落とすことができないため，能力主義は能力を現実視していないとの反対の意見が多い。したがって，大企業ではジョブ型採用や可変性豊かな役割・成果主義（日本型成果主義）人事への切り替えが進んでいる。

本音でいえば，職能給は導入するとしても，課長以上の管理職クラスでは降格制度を導入しなければ現実対応ができない。一気に役割・成果主義への転換を急ぐ企業があるが，順番としてまず能力主義を固めて，その上で運用を行う方がよい。

1－5　役割・成果主義の人事と賃金

　多くの経営者は，能力基準の職能給ではこれからの経営はやってはいけないという。能力基準はあくまでもチャレンジを引き出す能力開発制度である。能力があるから，そのうち良い仕事をやってくれるだろうという可能性で賃金を支払うことはできないということである。成果（利益）がなければ経営は成り立たないためである。

　一方，成果を追い求める制度を役割・成果主義というが，物事には順序があり，スタート時から成果を求めることはできない。成果を獲得するためには，まず能力を高め，仕事の質を高め，その結果として，能力を活用して成果に結び付けることができる。

　成果は，まず能力を固めたうえで成り立つ概念であり，まだ何も分からない新人に役割・成果主義賃金（職責給，役割給，業績給，または年俸制）を導入することは理屈上あり得ないのである。仕事も教えないで初めから成果給を適用することは乱暴な話である。

　したがって，一般社員から係長昇進まではあまりぎすぎすしない，ゆったりとした人事制度つまり年齢や経験による人間基準で人事や賃金を決めるのがよい。場合によっては一定分野業務で熟練を積めば，係長までは自動的に昇進できるシステムが必要である。しかし，課長になったら，新規事業の立ちあげや問題解決業務がメインとなるので，どんな仕事をしているか，どんな成果をあげたかによって人事や賃金を決める役割・成果主義（日本型成果主義）へと乗り換えるシステムが，グローバール経済に対峙できる基準といえる。すなわち，課長以上の社員については，「人間基準」から「仕事基準」へ，戦う人事への転換が必要である。

　しっかりとした賃金ビジョンを持って人材活用をしている企業においては，人材が育つ35〜40歳位までの前半は能力主義の職能給を適用し，人材が育った40歳以上の後半は役割・成果主義（日本型成果主義）の賃金に切り替えるところが多い。役割・成果主義賃金の中身を見てみると，役割給，業績給，成果給，年俸制等のほかに企業全体の業績を反映した成果配分賃金などがあるが，企業

による選択はさまざまである。

　役割・成果主義人事では，上級管理職クラスは，役割の違いによって３つの
コースに分類される。部下掌握，育成の名手といわれる管理職，専門職（企画
開発の名手），専任職（業務推進の名手）とそれぞれの役割の違いに応じた役
割別賃金が支給される。これらの役割給の支給額を機能させる鍵は，後述する
目標面接制度にある。

１－６　これからのベストな人事・賃金制度の選択とは

⑴　日本の風土によく合うツーラダー人事システム

　社員を処遇するには肩書（偉さ）と賃金の２つがある。企業の肩書がそのま
ま社会に通用するため，企業の中でどのような地位，肩書であるかは本人に
とっても家族にとっても一大事である。なかでも肩書は偉さを表し，賃金を決
める柱でもあることから，働く者にとっては一大関心事でもある。したがって，
肩書と賃金を決める客観的で明確な基準が必要である。従来，わが国では年功
が処遇基準であった。

　年功主義人事も見方を変えれば疑似的な能力主義人事であった。すなわち，
勤続年数の長い者は仕事も習熟しており，また学歴のある者は知識が優れ仕事
もできると，能力を短絡的に評価する基準でもあったのである。性別も目で見
える分かりやすい基準であった。このように勤続年数，学歴，性別をファク
ターとする年功基準が能力主義の代理指標として長年にわたり活用されてきた
のである。しかし，今日の高齢化，高学歴化の進展とデジタル化社会のスピー
ド化時代には時代遅れである。

　したがって，人事制度の選択は必然的に，能力主義か役割・成果主義（日本
型成果主義）かのどちらかの選択ということになる。能力主義は本来能力開発
主義であるので，社員の平均年齢がまだ若いうちにはそれなりの効力を発揮す
る。能力を発揮して成果をあげ，組織に貢献することが求められるクラスであ
る。これは，年功主義人事に慣れた日本の人事システムに取り入れやすい制度
であろう。

　そこで，人事の基本軸を40歳までは能力主義（職能資格等級制度）を，そし

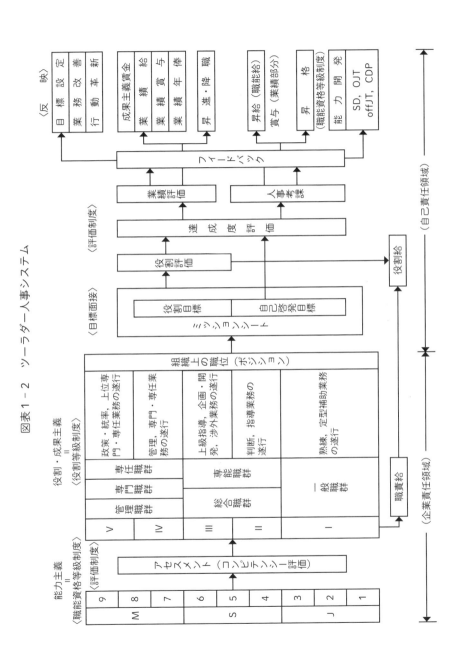

図表 1 - 2 ツーラダー人事システム

て40歳を過ぎたら，また部課長になったら役割・成果主義（日本型成果主義＝役割等級制度＝仕事基準）を適用するツーラダー人事システムの選択がベストな選択といえよう。

(2) 能力再評価制度の有効性

　人材豊富な企業では，40歳までにいくつかの視点を決めて能力の再評価を行っている。この再評価によってキャリアアンカー（本籍地）が決まる。このように，いくつかの場面で評価を行うことが，ツーラダー人事システム導入の本来の狙いである。成果目標達成の緊張感を持つことによって，社員は持てる力を思いきり発揮することができる。また，再評価制度がルール化されていればこそ，抜擢昇進もできる。一方，能力，実績に問題がある社員については心情を入れずに降格，降職人事ができる。これらの制度がなければ，どんな制度を入れても温情に流され，年功基準と変わらない運用になることは確かである。

　ツーラダー人事システムを有することによって組織における各人の役割業務も明確になり，目標達成の緊張感をもたらし，組織活性化や生産性向上に資することができる。

2 / 成功する能力・役割・成果主義人事制度の導入の仕方

2-1 目標面接制度の確立

　能力・役割・成果主義を理解と納得性のある良い制度にするためには，目標面接制度をまず確立することが大切である。目標面接では今期やるべき職務の作成に時間をかける。管理職は，部下と組織としての目標や部下のキャリアパスの方向性を徹底的に話し合う。この面接のうえにはじめて能力・役割・成果主義は成立する。

　しかし，目標面接を形式的な面接でお茶を濁している企業が多く，結局のと

図表1-3　目標面接制度の意義

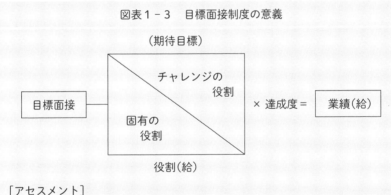

（期待目標）

目標面接 ─┤ チャレンジの役割 ／ 固有の役割 │ × 達成度＝ 業績（給）

役割（給）

［アセスメント］

システム	評　価　者	対　　象	期　　間
人事考課	上　　司	能　　力 成　　績 情　　意	単年度
アセスメント	部　　下 同　　僚 得　意　先 先　　輩 （多面的）	意　　思 適　　性 キャリア 将　来　性 （総合的）	5年間の分析 （動態的）

ころ年功主義に流れているのが実態である。また，先述のとおり，役割・成果主義人事は能力主義人事の上に成立するため，従来の年功主義からまずは能力主義へ切り替えることになるのだが，何のために年功主義から能力主義に切り替えるのかを明確にしないまま，または，能力主義を否定して一足飛びに役割・成果主義（日本型成果主義）に切り替える企業が多い。能力主義人事が定着しない理由は，基準の作成（役割・職能要件書の作成）を怠ったからである。抽象的な等級定義の文章だけでは年功主義に流れるのは必然の結果である。

　したがって，能力・役割・成果主義人事を成立させるためには，目標面接制度を確立すること，すなわち，明確に等級を定義し，それに基づいて役割・職能要件書を作成することが必須となる。

2－2　能力主義人事制度における昇格管理の実際

⑴　昇格審査の制度化

　能力主義人事による昇格審査は人件費管理の核であり，昇格を政策的にコントロールすることは経営そのものである。

図表1-4　昇格パターン表（職能資格等級制度）の実際（例示）

等級＼考課	S 極めて優秀		A 優れている		B 普　通		C やや劣る		D 劣　る	
10	36		48							
9	34	②	43	⑤						
8	32	②	39	④						
7	30	②	35	④	45					
6	28	②	31	④	39	⑥	45			
5	26	②	28	③	33	⑥	38	⑦		
4	24	②	25	③	27	⑥	32	⑥	40	
3	22	②	22	③	22	⑤	26	⑥	30	⑩
2	20	②	20	②	20	②	22	②	24	⑥
1	18	②	18	②	18	②	18	④	18	⑥

※数値は年齢，また○印の数値は等級滞留年数を表示している。

「昇格パターン表」は，人事考課別に昇格年齢を表示している。表の見方は，Sと考課された極めて優秀社員は最短36歳で最高等級10等級まで昇格できることを示している。このSコースと評価された社員は間違いなく将来役員，部長クラスに昇進するエリート社員である。

　一方，劣ると評価されたD考課パターンの社員は40歳で4等級までしか昇格できない。普通レベルと評価されたB考課パターンの社員は7等級まで昇格ができる。7等級に昇格するのは45歳である。優秀者か，それとも普通の社員か，この昇格パターンの審査判定が行われる年齢帯は，企業によって若干の違いはあるものの大方40歳前後で行われる。

　入社時から積み重ねた人事考課等の人事情報をもとに，人材をS〜Dのパターンに棚卸をする。評価のメインになるのは人事考課であるが，この人事考課が曖昧（役割・職能要件書がない）だと昇格に運・不運が生じるおそれがある。要件書がないと情意考課中心のイメージ考課で不運なサラリーマン人生を送る社員を生み出すことになるかもしれないからだ。

　さて，重要な人件費管理は次に示す正規分布で実施している企業が多い。Sパターン適用者は5％，Aパターン15％，Bパターン60％，Cパターン15％，Dパターン5％である。この等級別，年齢別，考課パターン別「昇格パターン表」の開示は人事担当役員および社長以外の役員には極秘で行われている。役員の中には年功に目が行き，自部署の部下の処遇引き上げに奔走するなどのネゴシエーションがあっては困るからである。

　客観的で理論的な「昇格基準」の構築のためには，等級基準（能力の明細表）の作成と等級基準によって該当者の能力伸長度を判定する一連の手続きが必要である。いつ，誰が，どこで，どのように，能力を判定するのか，その能力の媒体（審査要素項目）や合否の判定方法などを制度化し厳正に実施しなければならず，業績の現場確認も必要である。この確認がないと年功基準と変わらないものになる。

　昇格には「最短滞留年数」がセットされているが，この滞留年数は年功ではなく，真の能力や実力判定のために設けられた必要最低限の観察期間である。

図表1－5　統括部長クラス資格要件（役割等級格付基準）（例示）

所属		現職		等級		入職		任用年月日		任用職位		任用申請		番	推薦者役職位
氏名		年齢		在級年数				年　月　日		所属		職位		氏　名	中（人）

（平成　年4月1日現在）

観察項目（マネジメント能力・職務知識・役割意識）

項目	設定要素	観察内容	S	A	B	C	D	＊
マネジメント能力	部下育成力	部下に必要な情報を積極的に提供するとともに、自らの姿勢を示し、自ら影響を認識して研鑽に励み、自信をもって後継者・代行者を育成している。また、彼・彼女のものとしては優秀な部下を育成している。						
	組織力	部下の能力を発展させ、部下の信頼を得て共通の目標に向かって組織化し、一致協力させている。						
	業務推進力	部下に対し、適正に業務を割り当て、指導・監督を適時適切に行って、正しい状況の下での効果的な業務を遂行している。						
	意思決定力	物事の判断にあたって、それに必要な情報を収集分析し、問題の核心を的確に把握して、タイムリーで正しい意思決定を行っている。						
	企画独創力	ビジョンをもって考え、ずば抜けた状況を予測し、目標達成に必要な独創的な施策・計画を打ち出し、繰り上げている。						
	問題解決力	方針の具体化あるいはプロジェクトの解決のため、正しい科学的方法に基づいた措置、解析を繰り返し、状況（所期の成果）に導いている。						
	折衝調整力	各部門、外部関係先などと精力的に折衝調整を重ねながら、業務を効果的に実施・推進する立場に適合している。						
	先見洞察力	当面の問題及び将来に関連する問題を豊富に把握・分析し、その結論を導き出している。						
	情報分析力	担当分野における内外の情報を豊富に把握・分析し、その結果から見通して対策をたてている。						
職務知識	業務専門知識	業務遂行に必要な専門知識に関する専門知識を高度に応用している。						
	管理知識	管理職務を遂行するために必要な管理規程または人事管理の知識を有している。						
	他部門知識	全社的立場に立った活動を推進するために必要な幅広い他部門の知識を有している。						
役割意識の発揮	経営方針の具体化	企業方針を担当部門の方針として具体化し、部下に周知徹底させて利益向上を図るとともに、事務の効率化・組織活性化の向上に結びつけている。						
	組織力の発揮	部下の能力を十分に発揮させるとともに、部下の信頼を得て共通の目標に向かって組織化している。						

適性（人物）

項目	設定要素	観察内容	S	A	B	C	D	＊
適性（人物）	知性	企業を代表する者として相応しい一般教養と知識を身につけ幅広い話題を持ち、社会人としての立派に対する知性を持っている。						
	弾力性	事実を素直に受け止め、的確な判断で下す柔軟さや変化に対する即応力を持っている。						
	共感性	自己本位でなく、相手に対する思いやりがあり、そのとき相手の立場に気持ちになって行動している。						
	忍耐持続性	困難に耐える或は目的を達成する忍持性を持ち、最後まで持続的行動をとっている。						
	自律性	いちいち人の同意を求めず、方針に基づき自らの判断で迅速に処理している。						
	信頼性	素行・品性の上からも信頼でき、管理者として安心して仕事を部下に任せられる。						
	社会性	同僚あるいは他部門との正しい... 怖じせず、面倒くならず常識的に社会人として振舞っている。						
	包容力	人の欠点をも許容し、長所を認めてこれを伸ばそうとする度量をもっている。						
	支配性	対人に直面で、消極的、屈従的にならず、逆に人をひきつけ、影響を与え協力させる力がある。						
	活力	部下を統率し前向きに前進していく力強さがある。						

健康判定	① 極めて健康　② 健康なほうである　③ 普通　④ 多少懸念あり　⑤ 支障あり
総合所見	
人事課意見	前々期　前期　今期　昇進職位
人事課使用欄	

※　評定基準
S　完璧である
A　そのとおり、常にみられる
B　時々みられる
C　ほとんどそのようにみられない
D　問題がある

図表1－6　管理職行動観察表【部長クラス資格要件】（例示）

実施年月	平成　年　月　日
評定者名	一次　　二次

氏名		入職	昭・平・年・月・日	学歴	大学	医・文・理
所属		等級			短大 / 専門	高校 / 中卒 / その他
標準年齢		役職位				

下記の項目は、当院の管理者（役職者）に求められる主な要件です。
各項目ごとに被評定者がどの程度のレベルにあるかを評定して、該当する欄に○印を記入してください。

評定する内容（各項目を他の人と比較せず絶対評価で評定してください）

	一次			二次		
	高	普	低	高	普	低
A. 時代が激しく変化していく中で、変化に対応する力を持っているか。						
1. 常に業界・顧客・患者等のニーズの変化をつかみとろうとする意欲を持ち、努力している。	☐	☐	☐	☐	☐	☐
2. 変化をつかむため、情報の収集や当院内外の人とのコミュニケーション等を積極的に行っている。	☐	☐	☐	☐	☐	☐
3. 更に情報を分析し、かつ総合して日常業務に活かしている。	☐	☐	☐	☐	☐	☐
4. 時代のトレンドに沿って、担当業務の将来方向を見いだし、そこに到達するための手段・方法を見る具体的に立案し実行している。	☐	☐	☐	☐	☐	☐
5. 形式にとらわれず、新しい発想で前向きに仕事をしている。	☐	☐	☐	☐	☐	☐
B. 管理者（役職者）として期待される能力や執務態度があるか。						
6. 顧客第一主義に徹している。	☐	☐	☐	☐	☐	☐
7. 企業の利益を守るために、何をすべきかを常に考え、業務を遂行している。	☐	☐	☐	☐	☐	☐
8. 良いと思ったら直ぐにやり、悪いと思ったら直ぐに止めている。	☐	☐	☐	☐	☐	☐
9. 企業の方針や組織の目標・課題を十分理解している。	☐	☐	☐	☐	☐	☐
10. 柔軟でかつ独創的な考え方をしている。	☐	☐	☐	☐	☐	☐
11. 幅広くよく勉強し、自己啓発に努めている。	☐	☐	☐	☐	☐	☐
12. 自分の仕事に対し責任を持ち、最後まで遂行している。	☐	☐	☐	☐	☐	☐
13. 管理者（役職者）の立場に立って、物事を考えている。	☐	☐	☐	☐	☐	☐
14. 自分の意見を自信と勇気を持って、上司や関係者に提言・説得している。	☐	☐	☐	☐	☐	☐
15. 他部門と活発に連携協力している。	☐	☐	☐	☐	☐	☐
16. 自分のCDP（Career Development）を常に考えている。	☐	☐	☐	☐	☐	☐
17. 採算や効率に厳しく、実務に強い。	☐	☐	☐	☐	☐	☐
18. 粘り強い交渉力がある。	☐	☐	☐	☐	☐	☐
19. 転勤・異動に支障はない。	☐	☐	☐	☐	☐	☐
20. 新しいビジネスをつくり出したり、業務の改善・効率化を推進している。	☐	☐	☐	☐	☐	☐
21. タイミングと優先順位を的確に判断している。	☐	☐	☐	☐	☐	☐

評定する内容（各項目を他の人と比較せず絶対評価で評定してください）

	一次			二次		
	高	普	低	高	普	低
C. 情報化時代に対応するため、努力しているか。						
22. 従来の業務以外の分野でも時代の流れ・動きをつかみとる柔軟な頭脳と豊かな感性を持っている。	☐	☐	☐	☐	☐	☐
23. 幅広い人脈や情報網を持っている。	☐	☐	☐	☐	☐	☐
24. 情報を的確に分析し、簡潔で正確なレポートを書いている。	☐	☐	☐	☐	☐	☐
25. 業務上必要なOA機器が使いこなせる。	☐	☐	☐	☐	☐	☐
26. PC、LAN等情報メディアに対応する関心と理解をもって、その活用に努めている。	☐	☐	☐	☐	☐	☐
D. 組織人としての人間性と人間的な魅力はどうか。						
27. 社内外はもとより、取引先に好かれ、信頼されている。	☐	☐	☐	☐	☐	☐
28. バランス感覚がある。	☐	☐	☐	☐	☐	☐
29. 遊び・ユーモアのセンスがある。	☐	☐	☐	☐	☐	☐
30. さわやかでバイタリティーがある。	☐	☐	☐	☐	☐	☐

E. その他：上記以外の優れた特性や能力があればできるだけ具体的に記述してください。

指導育成計画：
上記評定をもとに、現時点で指導すべき点および今後1年間の指導を記入してください。

（上位評定者の意見があれば記入してください）

⑵ 「入学方式，降格あり」の導入

能力主義人事制度適用企業では，特に課長以上の管理職には，「入学方式，降格あり」が自然な対応である。

能力主義（職能資格等級制度）を導入した筆者のコンサル先では，当たり前のこととして卒業方式を改めて「入学方式，降格あり」を実施している。例えば，長期（7年以上）に同一資格等級に滞留している者は能力の陳腐化があった者とみなし，全員降格対象者としてリストアップし能力・役割の再評価を実施する。こうすることにより能力主義は役割・成果主義と全く同様の効果をもたらしており，時代感覚としても齟齬がない制度になっている。

職業生活の前半40歳までは能力主義人事（職能資格等級制度＝卒業方式），40歳を過ぎた後半は役割・成果主義人事（役割（実力）等級制度＝入学方式）を適用するツーラダー人事システムに切り替える。これが働き方新時代におけるベストな人事制度である。

こうすることによって，能力主義（職能資格等級制度）は成果主義基準と全く遜色がない制度として蘇る。

次に参考までに降格規定を掲載する。

図表1-7　降格規定（サンプル）

（総則）
第1条　この規定は職能資格等級制度の運用規定として降格について定める。
（定義）
第2条　この規定における降格とは職能資格等級制度の資格等級が下がることをいう。
（降格の内容）
第3条　降格は降格要件に該当した場合に実施する。
（降格要件）
第4条　次の要件の1つに該当する場合に実施する。
- 業務上必要な場合。
- 成果獲得の責任が果たせない場合。
- 職能資格等級制度に期待し要求される職務遂行能力が欠けていると評価されたとき。

- 職能資格等級制度に期待し求められる適性が欠けていると評価された場合
- 出勤状況や勤務成績が著しく不良と評価されたとき。
- 同一職能資格等級に7年以上の滞留者について職能再評価を実施し，降格が妥当と評価されたとき。
- 精神的身体的障害のため当該資格に該当しない場合。
- 会社に損害を与えまたは顧客の信頼を著しく損ねたとき。
- その他，降格することが適当と判断されたとき。

（降格判断）
第5条　降格は，降格要件に該当する者について人事部が資料を作成し，役員会に提出し，役員会の審査を得て決定する。

（降格を決定する参考資料）
第6条　降格は，直近3期の総合考課（成績，情意，能力考課），職能・役割・成果チェックリスト，自己申告書を参考資料として事実による評価により総合決定する。

（降格の制限）
第7条　降格は職能資格等級を1段階下げることであり，原則として一度に2段階以上の降格は実施しない。

（降格不服申し立て）
第8条　降格辞令に対し不服がある場合は，別に定める不服申し立て期間内に人事部に対し異議申し立てを行うことができる。

（降格時期）
第9条　降格の時期は原則として年1回，4月1日付けにて行う。ただし，特別の事情がある場合には臨時に行うことがある。

（降格後の担当職務）
第10条　役職の降職，解任など特別の事情がある場合，または担当職務遂行能力に課題があると評価されたときは新たな役割，業務に人事異動を行う。

（降格後の処遇）
第11条　降格後の月例賃金，賞与，退職金，福利厚生の処遇については降格後の職能資格等級制度の処遇を受けることとする。ただし，極端な減額がある場合は移行期間を設けて処遇の平準化を行うことがある。

付則　この規定は　　　○年　　　○月　　　○日より施行する。

図表1-8　希望降格規定（サンプル）

（目的）
第1条　業務の高度化への苦痛や家庭生活の充実など様々な事由により，担当職
　　責を遂行することが身体的，精神的に苦痛と感じ降格を申し出た社員に対して，
　　健康の保持と組織維持のため社員の申し出による降格制度を次に定める。
（対象資格等級）
第2条　降格希望の申請ができる資格等級は役職位に対応する係長，課長，支店
　　長，部長とする。
（希望の申出）
第3条　降格を希望する社員は「降格希望申出書」を作成し，人事部長宛に提出
　　をすること。
（役員会審査）
第4条　人事部長は，降格希望申出書の提出があったときは降格の適否について
　　コメントを付して役員会に上申する。役員会にて降格が適当と認めたときは降
　　格発令を公示する。
（降格に伴う人事異動）
第5条　降格は人事異動に併せて実施する。降格後の月額賃金は賃金規定の取り
　　決めによる。

　また，能力主義に降格制度を入れるためには，部下の能力，役割に応じた業
務目標がチャレンジ気味に与えられていることが原則になる。課長以上になれ
ば能力や役割のレベルに応じた成果が問われるからで，チャレンジすれば有利
な業績考課点がつけられる。

　このチャレンジを促す能力主義のことを個の尊重の人事管理ともいっている
が，能力主義人事には異質，異能主義の考え方をベースに，異の主張，異の認
識を大切にする哲学がある。したがって，与えられた能力や役割にチャレンジ
するか否かは本人の意思次第ではあるが，上級管理職ともなれば，チャレンジ
は当たり前として予算や業務選択の裁量権も付与されている。

(3)　誰が何をやっているのか

　さて，この能力主義人事を確立するためには，個別管理のきめ細かい道具立
て（個人別課業分担表，職能・役割要件書，チャレンジカード，部下育成メモ

等の作成）が必要になる。なかでも，能力開発やキャリア開発プログラムの
ベースになる課業（仕事）・役割一覧表の作成に時間がかかる。課業・役割一
覧表ができたら，誰がどんな課業や役割を担っているのか，課または係ごとに
まとめて各人の担当状況を確認する。これが連名課業・役割分担表である。連
名課業・役割分担表は課員の課業や役割業務の配分を一目で見られるようにし
た仕事の一覧表である。この連名課業・役割分担表の個人名ごとにミシンを入
れ切り離せば，個人別課業・役割分担表となる。

　連名課業・役割分担表を作成すれば，各人に割り当てられた仕事や役割の難
易度や業務量の大小が一目で分かる。すなわち，課内の課業や役割業務の分担
状況を一目で把握することができるし，誰がメインでやっている課業なのか，
また業務分担の重複状況や人による業務の偏り，チャレンジ業務の配分状況
（質と量の関係）など，いろいろな問題点が見えてくる。

　また，能力主義人事制度をしっかりと定着させるためには，職務調査を行い，
職能・役割要件書を作成することが必要である。この作業が能力主義人事制度
成功の一番の難問であり，大方の企業は等級定義を抽象的な作文で作成し，イ
メージで遂行してきた実態がある。これでは，必然的に年功基準（学歴，勤続
年数，性別，身分など）に流れる結果となってしまう。

　管理者は課員の意思と能力に見合った公平，公正な職務分担を編成すること
が大切であるし，これができてこそ能力主義人事制度は力を発揮する。しかし，
一般中小企業における職務調査作業は大変だというのが本音である。そこで，
日常業務に負担にならない簡略化した方法を次に考えてみよう。

　職種別，等級別に重点業務[2]に絞った「重点課業・役割業務」の一覧表を作
成する方法もある。一般社員の課業で良い出来栄えであったからといって課長
が優秀であると評価されては困るので，「重点課業・役割業務」の一覧表程度
は欲しい。この一覧表があれば，部下に目標面接で今期やるべき職務・役割を
期待像として示すことができる。部下の能力や役割に見合った目標レベルの設

2　重点課業とは職種別，等級別の代表課業である。代表課業とは難易度ばかりではなく，その課業
をこなすために必要な時間的処理ウエイトの高い課業である。

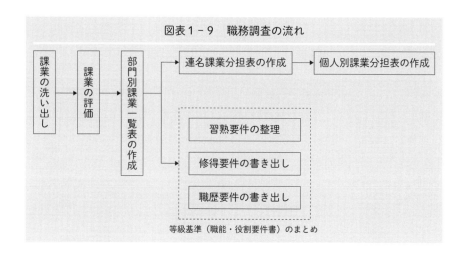

図表1-9　職務調査の流れ

課業の洗い出し → 課業の評価 → 部門別課業一覧表の作成 → 連名課業分担表の作成 → 個人別課業分担表の作成

習熟要件の整理
修得要件の書き出し
職歴要件の書き出し

等級基準（職能・役割要件書）のまとめ

定が大事で，能力を伸ばすためにはチャレンジ気味に職務基準を作成する必要がある。しかし，これらの簡略した重点課業・役割業務を洗い出す職務調査もできないという場合は，能力主義は無論，役割・成果主義人事の導入は難しいということになる。現在，多くの企業は役割・成果主義人事を導入しているが，基準が曖昧であり労使のトラブルも多い。

2－3　役割・成果主義人事制度の成立のために

⑴　課業・役割業務の難易度の明確化

　役割・成果主義人事制度を構築するためには，大雑把でも次に示す「課業・役割業務の難易度評価判定基準」を使い「課業・役割業務の難易度」を明確にする必要がある。その課業や役割業務は一般社員レベルの業務か，それとも係長レベルかなど，課長，部長クラスまでA～Eの5段階で難易度判定を行う。業務グレードが上か下か，例えば，AかBかの判断に迷ったら，必ず下のグレードAを適用する原則を守ることが大切である。職務基準編成の目標面接時には「課業・役割難易度判定基準」を活用し，部下の能力や役割に見合った課業・役割業務をチャレンジ気味に与えることが必要で，また当基準によって役割・成果主義人事も確立することができる。

図表1‐10　課業・役割業務の難易度評価判定基準

業務グレード	定　　義	定義の説明
A	補助単純定型業務	上司の直接指示，指導を受けながら高卒1～2年程度の知識と経験をもって行う単純ないし一般補助定型業務を遂行する。主として，一般社員として初任者クラスの業務を担当する。
B	一般定型判断熟練業務	上司の一般的指示，指導を受けながら高卒4～5年（大卒1～2年）程度の知識と経験をもって行う一般定型判断熟練業務を遂行する。主として，通常の一般社員業務を担当する。
C	非熟練判断指導監督業務	上司の要点的指示，指導を受けながら高卒8～12年（大卒4～8年）程度の優れた知識と経験をもって行う非熟練判断業務と担当分野での部下指導監督業務を遂行する。主として，係長クラスの役割業務を担当する。
D	企画立案管理業務	部門方針を受けて課方針を立案し，部門長の包括的指示，指導を受けながら大卒12から16年程度の専門知識，高度な熟練をもって行う企画立案業務と部門管理業務を遂行する。主として，課長クラスの役割業務を担当する。
E	政策，決定，統率，答申承認業務	経営方針を受けて部門方針を立案し担当役員の包括指示を受けながら担当部門の運営に係わる複雑高度な政策，決定，管理，決断，調整業務を遂行する。主として部長クラスの役割業務を担当する。

⑵　昇格と人事考課の絶対区分・相対区分

　役割・成果主義人事制度の運用ポイントは，社員自らが目標設定にチャレンジすることである。この役割・成果主義の適用は，原則として部課長クラス以上が対象であり，大切なのは「昇格管理」である。能力主義，役割・成果主義どちらの制度にしても，人事考課が曖昧だと昇格管理が年功（学歴，勤続年数，滞留年数，性別）に流れてしまい，年功主義と何ら変わらない制度になる。これらの企業では，人件費を絞り込むために相対考課を行っている。相対考課は良いにしても，このようなやり方だと年ごとに変わる企業業績によって昇格者も増減する。すなわち，「昇格管理」は絶対管理で行わないと実力のない者が昇格をしてしまうなどの不公平が生じてしまう。

つまり，人事考課の使い方には，理論的に絶対区分と相対区分の2つがあり，昇格，昇給には絶対区分が，賞与，昇進には相対区分が適用される。これは，昇格，昇給は絶対区分で原資は総人件費枠から優先的に先取りし，残額をもって相対区分の賞与，昇進に配分するという意味である。

　例えば，絶対区分によって基準能力に達したが，今年は昇格者が多いので昇格人数を絞るとすれば，役割・成果主義の形はとりながらも，中身は節操のない，その時の事情によって変わる審査であるとして社員の納得を得ることはできない。絶対区分，相対区分とはあくまでも処遇活用時の区分に過ぎない。

　人事考課でいうと，考課する段階での分布規制はあり得ず，人事考課はすべて基準に対してどうであったかの考課（絶対考課）を前提にしているからだ。優秀な者は優秀として処遇する基準主義の考え方を徹底しなければ，能力・役割・成果主義は到底社員の賛同と納得を得ることができないのが理屈である。

　しかし，人事は綺麗ごとだけでは一歩も進まない。問題は，基準がない状態で人事考課を理論どおりに行うと，人件費過多の問題が生じる。昇格管理は自社の企業規模や売上高および人件費などの支払い能力も考えながら，管理職能層，指導監督職能層，一般職能層の3区分ごとに適切な配置人数を編み出し基準化するなどの人件費管理を踏まえて行うことが必要である。

3 / 人事システム転換期の実務的留意点

これからの日本の人事制度は，ツーラダー人事システムの導入が望ましいことについては既述のとおりである。これは，すなわち，能力・役割・成果主義へ人事システムを転換することを意味するが，それでは，何からどう進めていけばよいのだろうか。人事制度の改善・改革の成功のマネジメント論では，まず組織の改革から実施することが鉄則といわれているが，果たしてどうなのか次に考えてみたい。

> ### Focus
> - 能力・役割・成果主義（日本型成果主義）人事制度への切り替えは，まず部課長から
> - 人材活用コースの部課長の等級昇格審査は，何をしたかの成果材料の検証が必要
> - 管理監督者の選抜は，アセスメント評価（事前評価）で慎重に実施する

3－1　管理者の意識改革の必要性

一般的に能力主義とか成果主義への転換というと，「人件費の削減」「定昇をやめる」「賃金を下げる」ことと理解されることが多い。無論，人件費問題が直接の契機である企業もあるが，その背景には急速に進む社会・産業構造の変化がある。デジタル時代はスキルの陳腐化が格段に速い。年功序列で管理者に登用され，生産性以上の年功賃金を甘受している部課長の処遇は早急に見直しが必要である。

振り返れば，20世紀は大量生産時代で質よりも量，個人の能力よりは組織としての生産性を重視したピラミッド型の組織運営の時代であった。この頃の日

本経済は順風満帆で拡大していたが，20世紀の工業社会から21世紀は知的情報社会へ一転し，低成長の厳しい経済環境を迎えることになった。知的生産時代の本格的な到来に，「ジョブ型人材」の獲得は自然な成り行きであった。企業内で人材を育てるのには時間がかかる。時代変化のスピードに乗り遅れないためにも，外部人材（SEなどの技術者など）の獲得が焦眉の急となった。

　大量生産時代は年功や経験である程度の職能向上が期待できたし，日本型の賃金や雇用制度（年功序列処遇制度）でも経営は十分に機能することができた。しかし，デジタル社会や人生100年時代といった大きな経営環境の変化のうねりの中で，管理者への期待像も従来とは全く異なったものとなった。それは，「付加価値のある新たな仕事」「知の価値」を創り出すことができない管理者は淘汰されることを意味する。

　ここに，ツーラダー人事システムを持つ能力・役割・成果主義人事制度への改革の意図がある。

　では，改革のスタートとしてまず何をしたらいいのか。それは管理者の意識改革である。「賃金は成果の対価である」との意識改革を何としても進めなければならない。

　管理者の意識改革のスタートでは，管理者に求められる役割業務を明確にし，その達成度を評価することが必要である。この１年間，どのような成果をあげたのか，組織への利益貢献は何か，客観的な事実を挙げ自己評価をすることから能力・役割・成果主義（日本型成果主義）はスタートするのである。

3－2　管理者能力の問題

　スカウト採用による管理者と組織内で育った管理者を比較すると，明らかなレベル差があることに気がつくことが一般的である。このレベルの差は専門知識の深さや実力差（問題解決能力）である。スカウト人材は概していくつかの企業で試練を重ねてきた者が多い。危機感を持って仕事をしてきた人と同一企業内で無難に昇進し管理者になった者とでは，業務遂行力に対する迫力に違いがある。強い管理者を育てるためには，厳しい仕事を与え，その難題を乗り越える試練が必要といえる。

経営の本音をいえば，期待する管理者像は，自ら「付加価値のある新たな仕事」を創り出す人材である。しかし，その実力があれば，「よほどの例外者を除いて，普通はサラリーマンはやっていない」であろう。トップが管理者を集めて行う訓示，管理者のあるべき姿や期待像のコミットメントは，一体感を創り出すためのものであり，管理者1人ひとりの成長を願っての叱咤激励や訓話と理解すれば間違いはない。

3－3　管理職に今求められる真の実力

　「管理者はいつ，いかなる場合でも優秀でなければならない。優秀だからこそ，何を言っても部下はついてくる。管理者はすべてにおいて部下より優れていることは難しいことかもしれない。しかし，何か1つでも部下が憧れるサムシングを持たなければならない」とは，実力があってはじめて出てくる言葉である。

　実力に似たような概念に職責，業績，成果という言葉がある。しかし，職責と業績，また業績と成果は違う概念である。職責は広がりと大きさおよび職責の難易度により評価される。職責の広がり，大きさとは管理指導の部下の数，また管理責任を負う資産（物的なもの，および情報の価値）のほかに，その職責に与えられている経費予算（金額的なもの）などにより評価される。このように，職責の大きさは人，物，金の3側面によって評価され，その評価結果は，職責グレードごとに5分類される。

　職責の難易度は，ものへの貢献度，その職責を遂行するために必要なノウハウの程度，心身の負担度の3つから評価される。例えば，その職責は今後，組織の成長，拡大に欠かせないものなのか，その職責が不履行のときには，どの程度のダメージがあるのか，また職責遂行のために必要な知識や技術はどの程度必要なのか，精神的・肉体的負担度，ストレスやリスクの度合いはどの程度か，を総合評価して難易度が決まる。この職責の難易度は一般的には，管理職系，専門職系，専任職系の3パターンに分類して評価される。職責評価は，職責の大きさ，難しさで行われる。

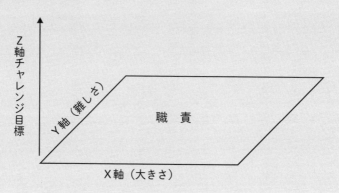

図表 1 -11　役割評価とは

職責評価	量的側面 （X軸）	イ　責任と権限の広がりと高まり 　・人的規模 　・物的規模 　・金額的規模
	質的側面 （Y軸）	ロ　企業への貢献度 ハ　役割遂行の必要知識 ニ　心身の負担度
目標評価	チャレンジ度 （Z軸）	①　固有役割拡大のチャレンジ ②　革新に対するチャレンジ ③　創造に対するチャレンジ ④　確実のチャレンジ ⑤　自己充足のチャレンジ ⑥　人材育成のチャレンジ

（注）企業への貢献度 ── 戦略度：拡大 ・ 維持 ・ 縮小

　　　　　　　　　　　└ 影響度：大 ・ 中 ・ 小

職責の大きさは5分類，難易度は3分類（管理職，専門職，専任職）され，
〔職責の大きさ5×難しさ3＝15〕のマスメのいずれかに全管理者が格づけさ
れる。

　どのような職責を遂行しているかで実力は明確であり，実力が落ちれば職責
は変えなければならない。温情は組織を潰す。職責が下がれば当然に賃金は降
給する。実力という概念は，今在級する職責にどんなチャレンジを付け加えた
か，決まった職責だけしか遂行しなかったのかによって，達成度評価の中身が
大きく変わってくる。達成度評価＝業績であるが，業績の中身，真の成果はど
うであったかをすべて包含したものを実力という。

4 / ツーラダー人事システムの鍵を握る 目標面接制度と人事考課

職業人生には前半と後半がある。前半は能力を高めていくインプットの時期，後半は役割を持ち成果を出すアウトプットの時期である。いずれの人事制度においても，スタートの鍵を握るのが目標面接制度である。

4－1 目標面接と人事考課の位置づけの再確認

ツーラダー人事システムでは，職業人生の前半に能力主義を基準とする能力評価が必要で，そこから育成点を見つけることが人材育成のスタートになる。大切なのは，その評価結果を部下にフィードバックしなければ人材育成にはつながらないという点である。そこで，目標面接が必要不可欠になる。目標面接を通して上司と部下が膝を突き合せて心が通うコミュニケーションを行い，お互いが理解と納得のうえで業務目標にチャレンジすることが大切だ。

目標面接をしっかりやることによって部下と上司の間に信頼関係が醸成され，人間関係が築かれ，働きがい，生きがいにもつながる。大切な若い黄金の時間を職場で過ごす若手にとって，嫌々ながら今日の1日を刹那的に過ごしている人がいたとしたら，こんな不幸なことはない。「企業は人なり」の言葉に異を唱える経営者はいない。しかし，キャリアパスやCDP，OJT計画書を持ち，実際に人材育成に計画的に取り組んでいる企業は，大手企業を除き稀である。だから，いくら時間が経っても人は育たない。人がいないのではなく，人を育てていないのである。

ツーラダー人事システムによる人事制度の後半は，役割・成果主義（日本型成果主義，実力主義ともいう）を適用する。何をやったのかの実力と成果が問われる年代には，能力主義による能力開発はもはや不要である。評価制度は，「飛べるだけ飛べ」の業績考課を適用する。誰が一番組織に貢献したかの成果を相対考課する。

⑴　目標面接制度と人事考課のポイント

　若年層には能力主義の成績考課，中高年や管理者になったら役割・成果主義の業績考課を適用するツーラダー人事システムを動かす核になるのは，目標面接制度と人事考課である。この評価制度いかんによって人事制度の味付けも変わる。「目標面接制度と人事考課」についてのポイントは，下記のとおりである。

- いくら目標面接や人事考課を実施しても組織活性化や業績向上に結びつかないのなら，評価システムに問題があり，制度の流れを見直しする必要がある。面接制度が形骸化している懸念がある。
- 目標面接は部下が主役である。上司と部下で，「業務目標」をチャレンジ気味に手作りで作成する。面接で一番大切なのは相互の信頼関係である。
- 「結果」を公正に評価するシステムが重要であり，多面考課制度や苦情処理委員会を設置するとよい。目標達成基準が曖昧では必ず不満が生じる。
- 評価結果で，「朝から夜遅くまで頑張っている，一生懸命やっている」といったイメージ考課で，成績が良い，能力があるといったような一連のつながりのある考課は絶対にやめなければならない。人事考課の基本は行動１つひとつの分析考課である。
- 目標達成基準は，部下と上司の２人で手作りで納得いくまで話し合い，合意した内容を達成基準書に記述する。
- 考課者訓練，面接訓練を受講していない者による人事考課は，人事課では受け付けないことを徹底することが必要である。
- イメージ考課では部下は納得しない。成績や行動事実など，目で見える可視化した事実やアウトプットで考課をすることが大切である。業務遂行結果の記録や行動の記録が必要である。
- 「業務目標やチャレンジカードの記載項目」は部下だけの目標ではない。部下の業務目標の進捗度の確認や行動改善の指導，援助，協力は上司の役割業務そのものである。これは，「部下の育成力」として考課される。
- 管理者になれば自己の役割業務目標の達成度だけではなく，統括する部下の能力，成績の伸長度や情意考課の管理についても評価の対象となる。部下の成長や育成などキャリアパスについてもその課題を明らかにして，

OJT指導や育成指導を行うことが求められている。従来の人事考課は査定中心の考課で，上からの一方的な目線の考課であったが，これからは下からのボトムアップ考課が部下の納得と意欲を引き出す良い方法といえる。

(2) 目標面接での管理者の役割

目標面接での管理者の役割を例示すれば，経営方針や部門方針，その達成基準を部下に分かりやすくかみ砕いて説明し，達成困難な目標についても，部下が十分に理解し納得するまで膝を交えてツーウェイ・コミニューケションを行うことである。部下の将来のキャリア開発の希望を踏まえて役割業務や課業分担を行う際には，次のような点に留意する必要がある。

- 目標はキャリア開発に沿ったものでチャレンジ気味に設定しているか
- 目標達成に向けた計画（手段・方法）は具体的で実現可能か
- 計画を実行するうえで予測される諸問題の事前対策を考えているか
- 達成基準は組織目標の達成に連結しているか
- 達成基準は業績を客観的に測定できる基準になっているか
- 目標の重要度，困難度の評価は基準化できているか
- 業務遂行過程におけるプロセス成果やそのチエックポイントは明確になっているか

4−2　目標面接で絶対基準の確認

人事管理の4大イベントは評価，育成，活用，処遇である。評価は人事管理のスタートにあたり，評価が正しく行われない限り4大イベントの好循環は生まれない。評価には絶対考課（基準主義）と相対考課（比較論）の2つがあるが，絶対考課が強調されるあまり相対考課が軽視されるきらいがある。相対考課はあまり意味がないのか，次の設問から絶対考課と相対考課の違いとそれぞれの必要性を考えてみよう。

- あなたは自分の部下（後継者）をどのように育てていますか。部下の名前を挙げることができますか。
- その部下（後輩）を自分の後継者として選んだ理由（資質，能力など）を

具体的に説明できますか。

- どのような教育方法で，いつまでに育てようと考えていますか。教育の成果は何をもって検証するのでしょうか。
- あなたは部下を持つ管理者として自分の仕事振りや成果について理解していますか。また，あなたは自分の努力について，どのように評価してもらいたいと考えていますか。
- 仕事ができる人とはどんな人をいうのでしょうか。あなたの部下は仕事ができますか。
- 評価は上司評価に加え多面評価も必要と思いますか。
- 人事考課は人材育成のための最も有効なツールです。しかし，賞与，昇給の支給を第一の目的にして人事考課を行うとすれば，職能要件書や役割要件書の作成に手間と暇をかけることはできません。仕事ができる優秀な人，できない人の評価は基準主義による絶対考課より，一目で分かる相対考課（比較論）のほうがはるかに優れています。特に，経営成果の獲得に努力をしなければならない管理職クラスでは，優秀者の順番づけによる相対考課でなければ，組織の活力は醸成できないといわれていますが，あなたはどう思いますか。
- 管理者になると職能要件書と役割要件書の2つの資格要件を満たすことが期待されています。あなたは自己評価の結果，今まで何をどう努力して，能力を高め行動改善をされたのでしょうか。
- 部下の職務遂行能力向上のために，あなたは職能要件書をどの程度活用していますか，また，職能要件書と部下の能力のギャップ点（不足能力）解消のために，部下にどのような宿題を出していますか。OJT計画書の作成や部下の能力伸長度の確認のために職能要件書をどう活用していますか。

以上のように，職能要件書は部下育成のための等級基準であり，能力開発の絶対基準として使われる。面接がなければ絶対考課の成立は難しい。

　一方，相対考課を適用する部課長には，もはや育成論は関係ない。部課長は人材活用クラスであり，今期の組織貢献度は誰が一番か，ダメな部課長は一目で分かる。このように，絶対考課は難しいが相対考課は易しい。

4-3　目標面接がすべての人事制度の出発点

　目標面接制度がなければ人事考課制度はスタートできない。しかし，目標面接を省略して，単に賞与，昇給のために人事考課を実施している企業が多い。本来は，目標面接で部下と上司が膝を突き合わせて部下の等級レベルに期待される今期の目標を話し合い，納得のうえで職務基準を作成し，この職務基準をもとに達成度を評価して成績考課を行うことから人事考課は始まる。したがって，目標面接がなければ職務基準が作れないので，人事考課はできないはずであるが，実際には，人事考課は多くの企業で導入されている。ということは，情意考課中心の考課が行われていることになる。情意考課には等級概念がない。また，情意の基準が明示されていないと考課者によって人事考課のつけ方に甘辛が生じる。

　中小企業の多くが情意考課をメインとした考課を行っているが，評価基準がないので絶対考課ができないばかりか，考課する人により部下に運・不運が生じているのが実態といえよう。ましてや，考課者訓練，面接訓練など管理者能力の向上に力を入れる企業も稀である。

　まずは，部下の能力に見合った「職務基準づくり」をすべきである。職務基準書を作るのが難しい場合は，先述の「課業・役割業務の難易度評価判定基準」（図表1-10）の業務グレード（A～E）による簡便法を使い業務目標のレベルを査定し，その業務を遂行する能力のある部下に職務配分するなどの工夫はできないものか。未だ年功主義人事から脱していない中小企業においても，これからの能力・役割・成果主義人事導入に向けて，部下の能力レベルに見合った職務の付与は，部下の能力開発にとって最低限必要な事項であるといえる。

5 / これからの人事考課制度のあり方

　これからの人事考課とは何か，これは素朴な質問である。人事考課は人事考課をやるためにやっているのではない。人事考課はあくまでも手段，方法にしか過ぎないものである。

　また人事考課は，その組織が持つ期待像に対しての充足度，達成度を評価するものであり，会社の組織，人づくりのためのツールである。わが社の社員として立派であるか，仕事ができるか否かを問うものに限られた限定評価である。しかし，仕事はできても，職業人や社会人としては未熟な人もいる。人間性や社会性に欠ける人もいる。話し方が横柄であったり，また人間関係をうまく作れなくて顧客とよくトラブルを起こす社員もいる。本当に凄い専門知識や技術を持っているのに患者や家族が寄り付かないなど，何かが欠けている医師もいる。すなわち，社会性とか人間性，誠実さ，ロマンなどの人物適性も考課しなければならない。この人物適性はコンピテンシー評価の範疇である。コンピテンシー評価とは，社内で優れた成果をあげている社員の行動特性・環境適応能力をもとに行う評価である。もし社会人，職業人として立派な人材を育てるというのであれば，コンピテンシー評価も一緒にセットして実施しなければならない。

　コンピテンシー評価は，クラスター（評価項目）とディクショナリー（行動基準）の2つによって構成される。このコンピテンシーモデルを基準にギャップ点を確認し，その能力の補足や行動の充足を行うことが，人間性を含めた人材育成につながるとされている。

5−1　人事考課の運用実務のポイント

　人事考課は査定ではない。人材を活かすために，「公正」「納得」「動機づけ」という3つの視点から行われるものである。人を活かす人事考課のポイントを挙げれば，次のとおりである。

(1) 考課基準の明確化

考課の結果には考課者の価値観が表れる。「ああいう行動がなぜ評価される
のか」という疑問や「期待されている成果や行動が評価時点まで分からなかっ
た」というようなことでは，フェアな考課とはいえない。そのため，考課基準
の明確化と考課における考課価値基準の統一を考課者訓練で図らなければなら
ない。

(2) 業績（成果）考課の視点

成果には「継続的な成果」「組織間連携による成果」「オリジナリティの発想
による成果」「コンプライアンス（法令順守）徹底による成果」などいろいろ
なものがある。業績（成果）考課で大切なのは，業績を上げるためにどのよう
な考え方や行動が必要なのかを示すことであり，業績考課を正しく実施するた
めには「方針の明確化」が必要である。方針を明示すれば社員は意識して行動
するようになるし，公正な評価となる。

(3) 人事考課基準の変更

経営環境の変化があった場合には，タイミング良く考課基準を変更しなけれ
ばならない。そのためには，方針の変更が自分の目標や業務にどのような影響
を及ぼすかを，常日頃から部下にも注意して考えるように意識づけをしておく
ことが大切である。

(4) 変えていい基準，変えてはいけない基準

考課者が変わることによって，行動事実の見方や印象が変わる考課（イメー
ジ考課）が行われることがあってはならない。しかし，管理者が変わったこと
による方針の違いで考課結果が変わるとしたら，それは不当とはいえない。新
しい管理者が前任者と異なる考え方で業績アップを図ろうと努力をするのは当
たり前であるからである。例えば，前任の管理者が「仕事の質」を重視し，後
任者は「仕事のスピード」を重視するとしたら，評価は自ずと違った結果とな
るであろう。

⑸　行動事実の確認

　職務行動を通じて良い成果や行動・能力が見られたら，それを賞賛する。また反対に，望ましくない言動は即注意し，行動改善の指導を行うことが人事考課を実施する真の狙いである。考課は期間内に起こった事実を総合的に勘案して行う。考課事実を正しく把握するためには，例えば，「定められた考課期間中にどのようなことがあったのか」「それはどのような行動だったのか」「どの位の頻度か」などを忘れないうちに記録する習慣を身につけることが大切である。行動事実の記録として不適な一例を挙げる。

- 彼女は日頃から積極的に業務遂行に取り組んでいる。
- 彼女は各部署とのコミュニケーションが少ないので上手くいかない。
- 彼の技術は一人前といえる。

　この記録には「積極的」「少ない」「一人前」というように，すでに考課が入ってしまっている。これらの行動事実の記録には記録者の判定が入ってしまっていることが問題である。行動事実とは，「積極的」「少ない」「一人前」という評価の根拠になる事実を示すことである。

⑹　考課ランク根拠の明確化

　Ａ考課の理由を理屈で考えると，「Ｓではない理由とＢではない理由」の両方が必要になる。Ａ考課の場合，特に「Ｓではない理由」が重要になる。「君は今期は頑張ったのでＡにした」ではだめである。このような対応だと，部下はきっとそれだったらＳにして欲しいと思うだろう。

⑺　人事考課結果の分析の仕方

　人事考課は，考課結果を分析し，人材育成や能力開発の課題を見つけ出す重要なツールである。仕事の成果を通じて，成果の原因分析を「能力」面とプロセスである「努力，姿勢，行動」面から検討する。

　能力を判定するには，成果から外的要因（ラッキー・アンラッキー，上司や先輩の援助・協力・指導など）を除く必要がある。能力とは「何を自力で成し遂げたのか」を考課するものだからである。

例えば，「彼は今期高い成果をあげたので能力が高いと考課できる」では，答えは正解とはいえない。もう少しきちんとした説明が必要になる。すなわち，「彼は一般社員ながら係長レベルのプロジェクト業務を自力で無難に遂行し，高い成果をあげたので能力は高いと評価できる」と説明することが必要である。

- 人事考課をつけて部下の能力開発の課題が見えてきただろうか。
- 人事考課をつけて部下の今後の能力，努力，姿勢，行動面の改善課題が見えてきただろうか。
- 考課者は考課要素の意味をよく理解して考課をつけているだろうか。

　分析考課の結果を能力開発や行動改善に結びつけることをしないのならば，考課要素ごとの人事考課に手間暇をかけることは無意味である。例えば，「彼女は人の2倍仕事をするが必ずどこかにミスがある」という分析考課があった場合，この考課は「仕事の量はA考課」「仕事の質はC考課」となり，合計すると「成績考課はB考課＝期待レベル」と考課される。成績考課を見ると期待レベルのB考課であるので，特に注文をつけることもない。これでは能力開発や行動改善には結びつけることができない。分析考課で「仕事の質に問題ありのC考課」があることを問題として捉え，この考課をまずB考課に引き上げる努力が大切なのである。

　このように，分析考課から弱点を見つけ出し，彼女にさらに能力アップのための指導と叱咤激励することが重要なのである。

⑻　絶対考課か，相対考課か

　絶対考課は，考課基準（絶対基準）に照らしてその達成度や能力の保有度を考課するので，他者の考課結果は一切関係がない。そのため考課方法としては公正であると考えられている。しかし，絶対考課のデメリットとして，社員の働きぶりを示すものとしては不十分という意見もある。また，管理職クラスに絶対考課を実施するのは望ましくない。誰が一番組織貢献をしたかを評価するためには「飛べるだけ飛べ」の発想が大切であり，必然的に相対考課の適用となる。しかし，相対考課の問題点は，比較対象となるグループのメンバーの能力や成果次第で自らの相対的位置づけが上下することである。両者ともにメ

リット，デメリットがあるが，どちらの考課が良いのか，それとも両方を使い分けるのかである。

　相対考課は分かりやすいし，絶対考課よりもはるかに公正であるという意見もある。競争相手がいるから負けないように頑張ることができるという意見も多数ある。人材を育てることをメインとして人事考課を活用するのであれば絶対考課，育成が終わった年代や管理者になったら選抜，格差づけをメインとする相対考課が優れている。どちらを選択するかは企業ニーズにもよるが，常識では人材が育つまでは基準主義の絶対考課，人材が育ち，また管理者になったら誰が一番組織貢献をしたかを評価する相対考課が一番望ましい考課といえよう。

　絶対考課のつけ方は以下のとおりになる。

　絶対考課の考課係数を（例示１）とする。考課係数は賞与への反映係数を示す。例えば，平均３ヵ月の賞与支給のとき，人事考課がB考課で考課係数が1.00であれば，３ヵ月×1.00＝３ヵ月支給。A考課で考課係数が1.10であれば，３ヵ月×1.10＝3.3ヵ月支給を意味する。

図表１-12　絶対考課の考課係数（例示１）

考課ランク	S	A	B	C	D	上下の差	格　差
考課係数	1.20	1.10	1.00	0.95	0.90	±30%	変　形
	1.20	1.15	1.10	1.05	1.00	±20%	等　差

図表１-13　相対考課の考課係数（例示１）

考課ランク	S	A		B			C		D	格差
		A1	A2	B1	B2	B3	C1	C2		
相対区分	2.5%	5 %	10%	20%	25%	20%	10%	5 %	2.5%	等差
考課係数	120	115	110	105	100	95	90	85	80	±40

図表 1 –14　相対考課の考課係数（例示 2 ）

考課ランク	S	A		B			C			D
		1	2	1	2	3	1	2	3	
相対区分 （考課点数）	100〜 94	93〜 85	84〜 76	75〜 69	68〜 62	61〜 56	55〜 49	48〜 43	42〜 37	36以下
考課係数	120	115	110	105	100	95	90	85	80	75

絶図表 1 –15　絶対考課の考課係数（例示 2 ）

考課ランク	1〜3等級	4〜6等級	7〜9等級
S	1.2	1.3	1.5
A	1.1	1.1	1.2
B	1.0	1.0	1.0
C	0.9	0.9	0.8
D	0.8	0.7	0.5

図表 1 –16　絶対考課の考課係数（例示 3 ）

付加価値率		部長クラス	担当部長・課長クラス
225％以上	S	＋20％	＋15％
175％以上225％未満	A	＋15％	＋10％
125％以上175％未満	B	＋ 8 ％	＋ 5 ％
75％以上125％未満	C	± 0 ％	± 0 ％
25％以上75％未満	D	－ 4 ％	－ 3 ％
0 ％以上25％未満	E	－ 8 ％	－ 5 ％
0 ％未満	F	－10％	－ 8 ％

※付加価値率＝付加価値÷売上高×100

図表 1 –17　絶対考課の考課係数（例示 4 ）

考課ランク	一般職	指導監督職	管理・専門職
S	1.2	1.3	1.6
A	1.1	1.2	1.3
B	1.0	1.0	1.0
C	0.9	0.8	0.7
D	0.8	0.7	0.4

⑼ 短期の考課か，長期の考課か

人事考課の人事・賃金処遇制度への反映を短期で行うのか，それとも時間を
かけて行う考課にするのか，どちらの考課を重視するのか，今だからこそ，時
代ニーズとして論議を呼んでいる。能力主義がよいのか，それとも役割・成果
主義（日本型成果主義）かの問題でもある。

見方を変えれば，毎年の考課結果を長期に人事賃金処遇に反映させるのか，
それとも短期で反映させるのか，どちらを選択するかの問題提起でもある。能
力主義の考え方に立てば，人事考課は穏やかな考課結果となるし，役割・成果
主義を適用すれば期ごとにアップダウンする激しい考課結果となる。

⑽ ポジティブな面接か，ネガティブなフィードバックか

部下を育て人を活かすには，褒めるのと叱るのと，どちらが効果的なのか。
コーチング手法からいえば，ポジティブなフィードバック，面接が支持される
のかもしれない。しかし，学習上のヒントから考えると，短所を指摘したほう
が断然よいという意見と，良いところをさらに伸ばすのがよいに決まっている
という意見もある。学習上の効果では断然ネガティブなフィードバックがよい
といわれている。どう考えるのかである。相手の性格やその場の雰囲気によっ
ても異なったものとなる。

⑾ 360度多面評価のフィードバックのメリット

360度多面評価（上司，先輩，同僚，部下，後輩，取引先，顧客などの評
価）での考課は下記のようなメリットがある。

- 上司・部下双方のコミュニケーションの活性化に役立つ。
- 顧客（患者，利用者，家族）や取引先の声を反映し顧客志向を徹底するこ
  とができる。
- 仲間の期待を敏感に察知するチームワークを醸成することができる。

しかし，考課結果を収集し，評価結果をただフィードバックするだけでは行
動変容を期待することは難しい。何を，いつまでに，どうすればよいのか，内
容豊富なフィードバックを提供できなければ評価だけに終わってしまい，個々

人の人材育成（自己の強みと育成点の認識）へつなげることはできない。フィードバックの質が極めて大切である。

5-2　人事考課のつけ方の基本

　人事考課には成績考課，業績考課，情意考課，能力考課の4つがある。それぞれの考課の機能を理解して，企業にマッチした考課制度を構築し導入することが大切である。

　さて，一般的に仕事ができるか否かは，企業の期待像（基準）に対しての充足度を確認する方式で行う。顕在化した能力から潜在的能力（能力考課）を確認するという方式である。

　人事考課の出発点は，まず成績考課（業績考課）である。成績が良いので能力（知識，技術，技能，企画力，折衝力など）もあるのではないかと考える。さらに，この成果は本人1人の力で成し遂げた結果なのか，他人の援助・協力はあったのか，また上司の適切な援助・協力による結果だったのか否かを分析していく。能力考課は真の力を見るので，援助・協力を除いた仕事の結果で能力を判定して考課をつける。課長以上のクラスでは成績考課に代えて業績考課を適用する。業績考課では業務レベル，組織貢献のチャレンジレベルを確認することになる。

　次に人事考課のつけ方の基本を確認しておこう。

①　課業（定型業務）は手順どおりに間違いなくできることは当たり前である。これらの課業は期待どおりにできればB（＝普通）考課とつける。A考課と評価されるためには，上位等級の課業を期待レベルで遂行したとき，または自己業務の遂行だけではなく，自己業務のほかに後輩や同僚への業務指導や援助・協力などを行ったときに申し分ない出来栄えとしてつけられる考課段階である。

②　課業遂行の結果，自力で成果をあげたことは成績考課が良く，また能力もあるということである。しかし，能力は等級レベルが設定されており，該当者の資格等級の能力があるか否かを判定するには，成果をあげた課業レベルを確認しなければ分からない。該当者の能力の判定には能力に見

合った課業や能力以上の課業の割り当てとその遂行度評価が必要である。

③　グループ目標の業績考課は，グループ目標の達成度がグループメンバー全員の考課結果になる。共同責任である。ただし，グループ目標のほかに役割目標を持ったメンバーには別に加点を行う。

④　目標には数値目標と定性的目標の2つがある。その1つはMust目標（…しなければならない）であり，もう1つはWant目標（…できるだけ頑張って欲しい）である。Must目標を達成したときの考課は「B」，Want目標達成時の考課は「A」とつける。

⑤　自己評価の「できた」の信頼性はどの程度あるのかを検証するには，考課者は必ず裏づけの証明書（アウトプットなど）を確認する。

⑥　能力開発項目欄の書き方

　　1人ひとりに目標を作らなくても，グループ統一の能力開発項目の設定でもよい。6ヵ月に1回は課員全員が集まり，グループ統一の能力開発課題を決めるなどのミーティングも必要である。

⑦　人事異動を行なったときの人事考課のつけ方

　　2年間は，不利にならないようにつけるのが人事考課のルールである。したがって，人事異動を行ったときは異動前の考課をそのまま使うのがルールになっている。

⑧　能力考課の基準

　　職能・役割要件書の修得要件，習熟要件は能力考課の基準となるが理解力，創意工夫力，表現力など考課項目ごとにその内容を説明，記述しているわけではない。成績考課の結果を分析して，このような素晴らしい結果が出たのは理解力があったからなのか，それとも創意工夫力が優れていたからなのかなどを分析，判定して考課要素を決め考課をすることになる。

⑨　能力考課とは何か

　　能力考課はややもするとイメージ考課に流される。したがって，行動事実の記録（6ヵ月単位でフイードバックメモをする）の確認は必要不可欠である。能力考課は成績を媒体にするが，成績が良かったときは能力ありと考えると分かりやすい。その後に，この成果は自力によるものか，それ

とも上司や先輩の援助や協力があったのかなどを確認して，真の能力を見極めて考課するのが能力考課である。

⑩　能力考課のつけ方

　能力考課は，等級基準に対してその社員の持つ能力が上回るのか，基準どおりなのか，または下回るのかで考課される。したがって，職種の変更を伴う異動直後の能力考課は下がるのが普通である。そのため，異動後は一定期間（2年程度）は猶予期間を設けることが必要である。もし能力考課を処遇（昇格，昇進，昇給）に使うケースが生じたときには，不利にならないように異動前の考課を使用するのがルールである。異動後2年間は能力の復元期間としている。部下と上司は二人三脚で1日でも早く期待のバーを飛び越えることができるように相互に切磋琢磨する。これらの能力考課の理論づけは人材育成をメインとしていることが伺える。

　しかし，先述のように中小企業においては職種や等級基準がないことが多い。これらの企業における人事考課は情意考課がメインである。「頑張っていたか否か，誤りはなかったか，責任をもって最後までやり抜いたか」などである。職場の秩序づくりのスタートでは情意考課は大切であるが，部下の能力を育成するためには先述の5つの難易度基準を活用することが有効である。

⑪　成績考課と業績考課の違いとつけ方

　成績考課に似た考課に業績考課がある。成績を業績に読み替えた同じ考課なのかと疑問を持つ人も多いかもしれないが，成績考課は係長クラスまでに適用する考課で，課長クラス以上の管理職には業績考課を適用する。すなわち，成績考課は一定期間（原則として6ヵ月間）の職務遂行状況について，どれだけやったかの発揮能力を，期の初めに上司と部下が話し合って決めた職務基準に照らして評価する。一方，業績考課は企業への貢献度評価であり，仕事のレベルやチャレンジの度合いを評価する。

　この職務基準は，部下がどんな仕事をどの程度やるかを確認し納得をした基準であり，その基準に照らしてどうであったのかを仕事（課業）別に考課するものである。成績考課のつけ方のルールは次のとおりである。

- 結果がすべてである。
- 援助も成績としてカウントする。
- 仕事の難易度（等級レベル）は関係ない。レベルの高い仕事をやっても低い仕事をやっても結果がすべてである。
- チャレンジプラス1の考課（チャレンジした仕事に対しては，考課がAであればA＋1点でS考課に，BであればB＋1点でAに，CであればC＋1点でBに，DであればD＋1点でCに修正）を行う。すなわち，人事考課は加点主義人材育成型の人事考課である。

成績考課と業績考課の違いを公式で表せば次のとおりである。

業績考課＝成績考課＋（職務基準−等級基準）

公式のとおり，上司は部下の等級基準以上の職務配分に心がけることがまず第一の留意点になる。

したがって，業績考課の適用は職務の選択や職務拡大が自由にできる裁量権を持つ営業職や研究開発，また上級管理職クラスに限られ，評価は母集団の中で誰が一番頑張ったのかの相対考課の順位づけで行われる。

この業績考課は，仕事のレベルと組織の貢献度を高く評価するもので，チャレンジをすればより有利となる。したがって，新部署に異動すれば仕事に慣れるまでは不利な考課になる。不利にならないようにするためには猶予期間を設けることが必要である。そのため，能力考課と同様に業績の復元期間として猶予期間2年間を設定している。この2年間の中で考課結果を処遇に適用する場合は，異動前の業績考課結果を使用するのがルールである。

⑫ 情意考課のつけ方

情意考課は考課項目の定義（考課項目の意味）を十分に理解しないと正しくつけられない。例えば，考課項目の「積極性」の意味は一生懸命に（積極的に）仕事をしているという意味ではない。正しくは「改善提案をしていたかどうか」「今日の仕事を手順よくかたづけ，明日の仕事まで行うなどたくさんの仕事をしていたか否か」「職務拡大や自己啓発（勉強）

をしていたかどうか」の意味である。情意考課項目の定義をよく理解していないと正しく考課をすることができないので留意を要する。

5-3　人事考課の留意点

①　人事考課の基準は職能・役割要件書である。職能・役割要件書の習熟要件は成績考課，能力考課の基準であり，修得要件は知識保有度を確認する基準である。

②　自分の資格等級に見合った職能・役割要件書の習熟要件を満たしたとき，通常，人事考課はB（期待レベル）と考課するのが原則である。A考課（申し分ない出来栄え）とは，深まり，広がり，高まりのある課業を遂行したときの評価である。そのほか，上位等級レベルの課業を担当し期待レベルB考課で遂行できたときには，チャレンジプラス1システムによって成績考課はAと考課する。また，チャレンジの課業を期待レベルで遂行できたことは，当然に能力ありの評価となる。したがって，職務基準作成時には必ず担当課業の等級（難易度）確認が大切である。

③　成績考課は仕事（課業＝定型業務）別遂行度評価である。課業には深まり，高まり，広がりがある。また，課業には習熟の深い仕事と浅い仕事がある。

④　成績考課に類似する考課に業績考課がある。業績考課は，原則として課長クラス以上の裁量権を持つ管理者に適用する考課である。期待レベルで役割業務を遂行し達成したとき（課長が課長相当の役割業務を遂行したとき）の考課はBとつける。A考課になるのは，課長が部長の役割業務にチャレンジし，成功したときである。また，課長が課長レベルの役割業務を遂行しA考課と評価されるには，誰が見ても明らかに期待レベル以上の素晴らしい結果であったときに限る。どこまでやったらAなのか，Bなのか，その出来栄えの基準は目標カード（チャレンジカードともいう）などに明示しておくことが必要である。

⑤　問題解決の役割業務とは，経営トップの方針展開業務の遂行である。例えば，部長はトップの方針を受けて部門目標を立案するが，その目標を達

成するために全体ミティーングを開き，部員の英知と協力を結集して手段や方法を決める。その手段や方法は，部下の各人の目標として連鎖される。これを目標の連鎖という。

⑥ 役割業務の難易度判定は，難易度評価基準（A～E）で判定する。役割業務は難易度判定基準C以上の業務を担当したときである。難易度判定基準Cとは非熟練判断指導監督業務，Dとは企画立案，開発業務，Eとは政策，決定，承認，決定業務であり，CかDか迷ったときの難易度は，必ず下の評価を適用することを原則とする。

⑦ 業績考課のつけ方の留意点

外部条件の変化など，本人の責に帰さない業績については目標を下方修正し，改めて業績考課を行うことになる。業績考課とは実力を見る考課であり，真の成果を通してその人の実力を考課する。

⑧ 成績考課，業績考課のつけ方の留意点

成績考課は仕事の結果の評価（理論的に説明すると課業別チェックリストに基づいて自己評価と上司評価を実施する）である。部下の仕事ぶりを見ていないと「…できた，…できなかった」を正確に考課することはできない。現場確認情報を記録することが大切である。しかし，管理者の多くは，自分はプレイングマネジャーであり，部下に時間を取られてしまうと自己の目標が達成できないという。管理者のあるべき論と現実のギャップの問題がある。

⑨ 情意考課のつけ方の留意点

1） 1つの行動事実は1回しか使えない。1つが良いとすべてが良いというハロー効果による人事考課の間違いはないか確認が必要である。

2） 帳消考課に注意する。責任性に問題がある（CまたはD評価）とき，協調性の考課をAとつけると間違いになる。責任性と協調性の関係で責任性がB以上のときにはじめて協調性でB以上の考課がつけられる。他人の仕事を手伝ったり，援助する行為はまず自己に課せられた業務を遂行したときに，責任を果たしたときに起きる行為であるからである。

3） 積極性の意味は先述のように，ただ「一生懸命に頑張っている」こ

とではない。自己啓発や改善提案または職務拡大をしているかの意味である。

4） 協調性は人間関係が良い，悪いの意味ではない。自ら進んでチームの一員としてチームワークの醸成に努めた度合いをいう。他人が困っているときには自ら進んでアドバイスをしたり，援助したり協力したかどうかという意味である。

5） 情意考課は行動事実がなければ考課をつけないのがルールである。行動事実がないときには空欄のまま人事課に考課表を提出するのがルールである。人事課では一定の基準で点数化を行う。

6） 人事考課表の着眼点には，組織が期待する情意行動とコンピテンシーディクショナリー（高成果実現行動特性，環境適応能力）の混在が多い。情意考課は組織が期待する行動評価であり，コンピテンシーディクショナリーは成果に結びつく行動特性の評価である。

7） 行動観察メモへの記録は，人事考課をつける際の事実確認の根拠になるばかりではなく，管理者としての管理能力や分析能力，部下育成力の向上に役立つものである。今週1週間の出来事を日記帳に記録を残す作業である。

8） 情意考課の考課段階は原則としてA，B，C，Dの4段階で考課する。しかし，規律性はB，C，Dの3段階でつけるのがルールである。A考課がないのは「守って当たり前の行動」だからである。

5－4　加点主義育成型人事考課の活用

人事考課の目的は，従来の賞与，昇給のためから能力開発や昇格，昇進，適材適所配置など人材活用のためへと変化した。また，働く人たちにとっては，働きがいや生きがいにつながる人事考課であること，そして結果として企業発展に結びつく人事考課であることが重要である。人事考課はあくまでも目的を達成するための手段，方法にしか過ぎないものだ。これらの目的を達成するために，次に育成型人事考課の3つのポイントを述べておかなければならない。

第1のポイントは，人事考課は目標面接によって成立することだ。上司から

与えられた目標はノルマである。嫌々やるのでは，成果はあがらない。しかし，自分で立てた目標は納得しているので，何としても成功させようと努力をする。また，自分で立てた目標なので責任も重くなる。一方，上司は組織目標との統合を考えながら部下の目標設定に臨む。上司は部下のパートナーとしての役割を担う。目標面接を通じて，目標遂行状況やその達成度，原因分析を中心に，今後の事態改善やOJTについて部下と一緒に考え，目標を共有して行動をともにする。すなわち，面接によって事態の変化に流動的に対応することになる。

　第2のポイントは，人間関係の醸成である。目標面接時に前期目標の達成度を踏まえて今期目標を部下とともに設定する。6ヵ月後の結果面接では，原因分析を中心に上司と部下で徹底した話し合いのうえ，次のステップアップのための具体的な目標を設定し，その目標達成のための手段や方法についてきめ細かく煮詰める。目標はどんな事態が起ころうとも必ず達成しなければならない。そのためには，中間面接による業務進行状況の確認とアドバイスなどのきめ細かいフォローが必要である。これらの面接を通して，部下との信頼関係は一層深まったものとなる。

　第3のポイントは，減点主義から加点主義への転換である。新しいことに挑戦をして失敗をした人より，現状維持でチャレンジの仕事は何もしない人が評価されるとしたら心外である。人間は安定を求めると成長が止まってしまう。

　目標を立てたら，その目標を達成するための計画を「逆算」して立ててみるとよい。目標のレベルは低すぎても，高すぎてもいけない。

　大事なことは，目標のレベルはスリルと緊張感を感じる程度がちょうどよい。目標達成のために最後まで絶対に諦めないこと，やり遂げることが大切である。

　そこで，チャレンジをして失敗してもいいじゃないか，といったチャレンジ加点制度があるとやりやすい。10個の失敗の中から1個の成功が生まれる。この成功を褒め称えるのが加点主義育成型人事考課である。

　チャレンジ加点では，チャレンジして成果に問題があったときの考課は本来はCとつけられるが，加点を加えC＋1点＝B（期待レベル）に修正する。結果がBであれば＋1点でA（申し分ない）に修正するのがルールである。

　特に大企業病などといわれる組織では，マニュアルや過去の前例に従うこと

を無難とする考え方が目立つが，この前例を良しとすれば人事考課は必然的に減点主義になり，前例にない失敗は厳しく罰せられることになる。言われたことをただ日常的に間違いなくこなすのは，ある程度のスキルと知識があればできる。たとえ小さな仕事でも，もっといいやり方はないか，仕事の手順を変えたらどうなるか，もしこの仕事をやめたらどんな問題が起きるだろうかなどを常に考えながら仕事をやるのも，小さなイノベーションである。イノベーションとは，すべて前例にないことを行うことである。イノベーションは人の可能性を引き出し組織を変えるが，これは加点主義人事制度の上に成立する概念である。イノベーションは創造的，革新的な行動特性や思考特性がないとできない。

　「挑戦加点」は新しい企業の明日を作るが，同時に社員のやる気を引き出し，社員1人ひとりを喚起し，可能性を引き出すのが真の狙いである。

5−5　人材を育てる人事考課のチャレンジシステム

　人事考課にはチャレンジ＋1点という人材育成システムがある。難易度の高いチャレンジ業務を遂行したとき，また自分の能力（職能資格）よりも難しい（上位）仕事を遂行したときには，必ずプラス点が加算される仕組みである。難易度が1つ上の仕事をB評価（期待レベル＝普通）で遂行したときには，B評価でプラス1点を加算しAと評価される。また，2つ上の仕事を期待レベル（普通）の出来栄えで遂行したときには，プラス2点を加算しSと評価する。同じく1つ上の仕事をC評価（問題あり，やや劣る）で遂行したときにはプラス1点を加算しB評価（期待レベル＝普通）とする。すなわち，人材育成型人事考課には，チャレンジを褒め称える，チャレンジを引き出すシステムが盛り込まれている。

　具体的には次のとおりである。

⑴　成績考課におけるチャレンジ

　目標チャレンジカード（能力開発カードともいう）に記載されている「業務目標」は，課業一覧，職能要件書を基準にチャレンジしているか否かを確認し，

達成度を評価する。半年間の目標達成度合いを評価するもので、たとえ上司や先輩の助けを借りたとしても、目標を達成していれば立派と評価するのが成績考課だ。先述のとおり、チャレンジ（上位等級の仕事）をすればプラス1点とする仕組みがある。したがって、考課がB考課であればA考課、A考課であればS考課とつける。これらの考課をチャレンジプラス1点の考課といっている。

　係長以下一般社員に適用される考課を成績考課というが、この考課では上位等級の仕事をやるとチャレンジありと評価する。チャレンジによってその人の可能性を引き出す考課システムだ。やれといった仕事をやったか否か、チャレンジをしたか否か。チャレンジをしていればプラス1点、上司や先輩の援助を受けていても、結果が出ていれば、結果どおりにそのまま考課する。

(2) 業績考課におけるチャレンジ

　課長以上のクラスに業績考課を適用するとは、組織の貢献度や利益貢献度を考課することであり、チャレンジ業務の達成によって評価される。したがって、管理職クラスでは皆、必然的にチャレンジ業務に挑戦することになる。したがって、結果（業績、成果）＝能力と見ることができる。能力考課の実施には該当者の等級レベルが問題になる。例えば、高校3年生が中学3年生の試験問題で100点を取ったとしても能力ありとはいえない。この場合は、能力判定はできないという考課をつけなければならない。高校3年生の能力を見るためには、高校3年生以上の試験問題ではじめて能力を判定することができる。

　すなわち、どんなに成果をあげても、課長が一般社員の仕事をやっているようであれば、できて当たり前のことで、褒められたことではない。したがって、課長としてどれだけ高いレベルの業務にチャレンジし、成果をあげたか否かを相対考課で順番づけをする。課長クラス以上の仕事は、企画開発や業務改善、利益貢献などの役割業務が中心になる。管理職であるので、プロセス（情意）考課よりも、一般社員ができないような組織課題の問題解決の処理にウエイトが置かれる。したがって、業績考課はチャレンジをすればするほど断然有利になる考課である。

　上級管理職クラスでは、チャレンジ業務を遂行しないと不利になるので、皆

チャレンジをするため、結果＝能力考課とみなすことができる。したがって、能力考課を省略することができる。

成績考課と業績考課の違いは、成績は与えられた目標の達成度を問うものであり、職責とか役割の重さは関係ないが、業績考課は職責の広がりと役割の重さを重要視する。業績を公式で示すと、役割×達成度＝業績となり、役割の大きさが大きければ大きいほど必然的に業績も大となる。組織貢献、利益貢献などの役割チャレンジ目標の一例を示せば、次のとおりである。

① 拡大チャレンジ…見える問題のチャレンジ

今すぐに対策を考え、現状をプロモートしなければならない問題解決のチャレンジをいう。

　→売上拡大、新規顧客開拓件数の向上

　→利益改善率の向上

　→ミスの減少、無駄の削減

　→経費の節減

　　など

② 革新のチャレンジ…探す問題のチャレンジ

いくつかの兆候や傾向から将来を見つめて、今から対策を講じておかなければならない問題解決業務や、現状を新しい手法や方法に変えるチャレンジをいう。

　→事務の標準化、コンピューター化、AI化

　→新人事システムの導入

　→能力・役割・成果主義による人事・賃金制度の設計と導入

　→前払い退職金制度の設計と導入

　　など

③ 創造のチャレンジ…無から有を創り出す問題解決のチャレンジ

拡大、革新等のチャレンジを通じて新たな知恵を生み出し、過去の流れやケースにない、全く新しいものを創り出すことへのチャレンジをいう。

　→新規事業開発

　→新技術・新商品の開発

→組織やモチベーションを向上させる新人事制度の開発など

④　**人材育成のチャレンジ…部下の能力開発，行動改善に寄与したチャレンジ**

　部下（後輩）の未経験，未熟な仕事に対し，職務拡大，能力開発や業務改善などによって，未経験業務も遂行できるようになった事実を褒め称えるチャレンジをいう。

　　　→カンファレンスの司会，進行をサポート

　　　→プロジェクトのリーダー担当

　　　→未経験業務を1人で完全に出来るようになったチャレンジ

⑤　**自己啓発のチャレンジ…明日への自己啓発（行動改善を含む）に努力したチャレンジ**

　自分の休暇などを使って未経験の仕事を習得しようと努力した行動を褒め称えるチャレンジをいう。

　　　→資格免許の取得

　　　→自費で大学，大学院に入学，卒業などに努力した度合い

　　　→未経験業務を1人で完全に出来るようになったチャレンジ

　チャレンジ業務であるか否かの判定には2種類ある。課業難易度でいうチャレンジと役割業務のチャレンジ（係長が課長の役割業務を遂行したときなど）である。

　チャレンジには先述のように拡大，革新，創造，人材育成，自己啓発などがあるが，自己啓発のチャレンジは担当職務に直結するチャレンジでなければチャレンジとは認めない。

　素晴らしい人生を送るためには結果を求められる時代，その結果はプロセスの努力の必然の結果として甘受することができる。

5-6　期待像を基準とする絶対考課の課題

　人事考課は今，良し悪しの差をつける相対考課（査定型）から，能力の開発をメインとする絶対考課（育成型）へ転換している。かつて人事考課というと，上司が一方通行で評価するのが通常であった。現在の人事考課は，部下の自己

評価をメインとして，社員1人ひとりの意思と適性を反映させ，納得性と客観性のある制度へ見直しと改善が進められた。しかし，結果は必ずしも上手くいっていない。等級基準がない，目標面接が形骸化している，管理者の管理能力に問題がある，考課者の面接訓練が行われていないなど，理由はいくつもある。

　制度の最も大切なポイントは，基準を明確にして「加点主義（チャレンジ）の人事考課」に切り替えることといわれている。しかし，この加点が上手くいかない。皆，リスクのあるチャレンジを避け無難な仕事を選ぶからである。

　基準を明確にして部下1人ひとりの能力を正しく把握し，その基準とのギャップ解消のために部下と上司で二人三脚で頑張る。何をどう努力をしたらよいのか，努力をした結果，どのようになっていなければならないのか，あるべき姿と現状の姿のギャップを埋めるための手段や方法を部下と上司で一緒に考えて目標達成に努力をする。これが絶対考課であり，人材育成のためのギャップ解消への努力が「自己啓発」であり，上司による「OJT」教育である。育てた人材は適材適所に配置し，人材を最大活用する。

5－7　人事異動があったときの人事考課のつけ方

　人事異動により新部署に配置換えになり，仕事が変わったときの人事考課はどうつけたらよいのだろうか。「仕事に不慣れなため問題あり」とつけられるとすると，誰も異動をする者がいなくなる。

(1)　情意考課のつけ方

　人事異動は，本人の意思を十分に尊重して，上司と部下で能力開発やキャリア開発の方向性や必要性をよく話し合い，理解と納得のうえで計画的，意図的に行うので，本人の意欲（やる気）が落ちることはない。したがって考課は異動前と変わらないか，良くなる。すなわち，モチベーションが落ちるような人事異動はしてはいけないということである。

　企業の大小にかかわらず人事異動の趣旨や意味をしっかりと伝え，理解させ人事異動を発令することが大切である。

(2)　人事異動と人事考課の公平性の担保

　人事異動があっても，人事考課は不利になるようなことがあってはならない。人事異動は能力開発の重要な手段・方法の１つであるからである。しかし，能力開発のためとはいっても，新たな部署に異動した者と同じ部署で異動しない者を比較したときに，異動をした者は仕事に不慣れなため人事考課が不利になるのではないかという質問がある。人事異動者と異動をしない者の処遇の公平性はどう担保されるべきなのか。人事異動をした者が不利になるのであれば，皆，人事異動を拒むだろう。しかし，人事考課は，そのように不利になるようなつけ方はしてはいけないといういくつかのルールがある。

　例えば，山田さんは経理課の会計担当で職能資格等級４等級としよう。彼女は今春，人事課給与担当から配置換えになった。山田さんの職能資格等級は異動前も後も４等級で変わらない。だが，山田さんにいきなり４等級の会計担当の仕事を与えてもできないので，レベルを落として仕事を与える。当分の間の猶予処置である。

　人事異動をしたときには，仕事ができないからといって「問題あり『Ｄ』」とつけてはいけないというルールがある。仕事の成果（成績考課）は賞与，昇給のベースになる考課である。人事異動によって賞与も昇給も少なくなるのでは，人事異動の仕組みは作れない。

　したがって，人事異動をしたときの仕事の考課は，人事異動発令後，最大２年までは猶予期間として異動前（旧部署）の成績考課の結果をそのまま使うという決まりになっている。この猶予期間中に部下と上司は二人三脚を組み，新部署の経理課会計担当の４等級業務を１日も早くマスター（習熟，修得能力の取得）すべく，上司はOJT指導に，部下は自己啓発に励むことになる。

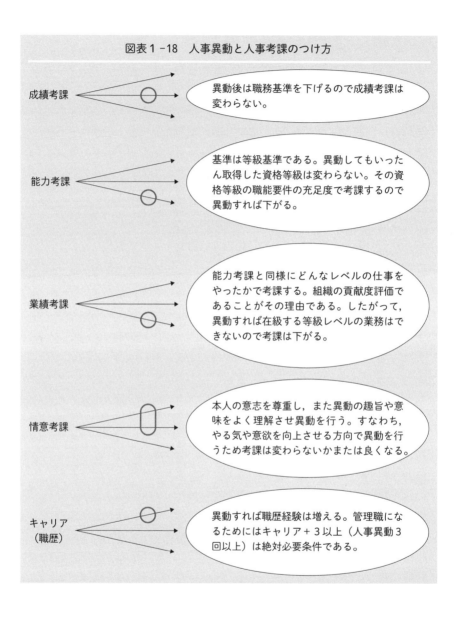

図表 1 −18　人事異動と人事考課のつけ方

成績考課　　　異動後は職務基準を下げるので成績考課は
　　　　　　　変わらない。

能力考課　　　基準は等級基準である。異動してもいった
　　　　　　　ん取得した資格等級は変わらない。その資
　　　　　　　格等級の職能要件の充足度で考課するので
　　　　　　　異動すれば下がる。

業績考課　　　能力考課と同様にどんなレベルの仕事を
　　　　　　　やったかで考課する。組織の貢献度評価で
　　　　　　　あることがその理由である。したがって，
　　　　　　　異動すれば在級する等級レベルの業務はで
　　　　　　　きないので考課は下がる。

情意考課　　　本人の意志を尊重し，また異動の趣旨や意
　　　　　　　味をよく理解させ異動を行う。すなわち，
　　　　　　　やる気や意欲を向上させる方向で異動を行
　　　　　　　うため考課は変わらないかまたは良くなる。

キャリア　　　異動すれば職歴経験は増える。管理職にな
（職歴）　　　るためにはキャリア＋3以上（人事異動3
　　　　　　　回以上）は絶対必要条件である。

5−8　成績考課の難易度業務評価の仕方

　等級基準のない中小企業においても，部下に今まで経験をしたことのない異職種の業務を与えるときには仕事のレベルを考えて能力に見合った業務を，また業務の難易度を考えて与えることが大切である。これらのことは等級基準の有り無しにかかわらず，すでに先輩から後輩に技術，技能を伝授する方式で実行しているところである。

　異動後２年間までは人事考課の猶予期間がある。これらの理論は社員数が最低でも300名以上にならないと，悠長なことと一蹴されてしまうのでないかと心配である。人事考課の大切な理念は，一生懸命に働いている社員を評価することである。極端なことをいえば，人事異動をした社員の異動後の考課は「情意考課」だけでよい。ただし，キャリア加点を行う配慮は考えるべきである。未知の分野への経験など人事異動は何かと気苦労が多い。人が嫌がる部署等への異動については，キャリア（職歴）加点は公平性の面から必要である。経営環境の激変の中で，人事異動はこれからも避けては通れない。管理職になる資格要件の１つにキャリアパス３回以上は不可欠な要件ともなる。さて，異動後２年間を経過した場合は，新部署での能力，成績（業績）考課を実施し，正式な人事考課の実施の手順に戻すようにする。

　以上は，当たり前の筋論としては理解できよう。しかし，何でもやらなければならない中小企業においては綺麗ごとに感じるかもしれない。

　まず，職務基準を下げるためには等級基準が必要であるが，基準がない所では対応ができない。また，「猶予期間，最大２年まで」といった悠長なことは言ってられないとお叱りを受けるかもしれない。中小企業では内勤も外勤業務も何でもかんでもやらなければならないし，またできないようでは日常業務は動かないからだ。しかし，中小企業においてもチャレンジは必要であり，仕事には大きく５つの難易度があることは前述のとおりである。

　等級基準（役割・職能要件書）がなくても，仕事の難易度（質の問題）については難易度評価（A〜E）判定基準を活用し，自分は主にどの程度の難易度レベルの役割や課業を実施しているのか，目標面接で上司と部下の双方で確認

し合うことができるはずである。こうすることによって部下の成長を確実に確認することができるだろう。

5-9　人事考課の実務運用の問題点

　人事考課は，今やどの企業でも当たり前のこととして実施している。しかし，経営者をはじめ管理職，また人事考課をつけられる部下までが，人事考課については皆不満を持っている。その問題点の第一は，賃金格差をつけるために人事考課を実施していることである。第二には，「考課基準の明確化と結果のフィードバック」がないことで，一応面接を行いフィードバックはやっているが形骸化していることである。第三は，人事考課規定では育成型の「チャレンジ加点主義」を明示しているが，基準がないため，結局はイメージ考課を行っている，などが主なものである。

　人事考課のスタート点は，考課者と被考課者（部下）との今期目標の設定（職務基準の作成）のための目標面接である。「あなたには今期，この仕事を，このような方法で，手段は，このマニュアルに沿ってやってもらいたい。この仕事はあなたにとってはチャレンジになるので，この仕事が成功したらチャレンジ＋1点を加点します。結果が「B＝普通」でしたら，チャレンジ加点で「A」考課とします。頑張ってください」「途中で何か分からないことがありましたら何なりとアドバイスをしますから何でも聞いてください。独断ではやらないでください」などを伝える。この面接が人事考課のスタートになる。期の初めには，どこでもこのような上司と部下の面接が行われている。

　ここで大切なのは「仕事の質と量」である。「今期目標の難易度と仕事の量」が，部下の能力に見合った目標（質と量）であるか否かである。目標のレベルが曖昧では，正しい人事考課はできない。すなわち，正しい人事考課をやるためには，基準（役割・職能要件書）がないと信頼できる人事考課はできないということになる。大半の企業は適当に仕事を与えて考課をしているのが実態であり，これが部下の不満につながっている。

　信頼できる人事考課制度として運用するにあたっての主な問題点は，次のと

おりである。

① 人事考課の基準がない
- 考課基準（職務基準，等級基準）が明確ではない。等級基準は等級定義のイメージしかない。
- 職務遂行能力と人事考課が連動していない。人事考課は執務態度考課が中心で態度が良いと，能力もある，成績も良いのハロー考課になっている。
- 評価基準が公開されていない。

② 目標面接制度が形骸化している
- 目標面接制度が人事考課制度と連動していない。
- 多くの部下を抱える管理者は面接の負担が多いため，面接は形だけでやっている。
- 目標面接と部下育成面接の関連性が制度的に不明確である。
- 人事考課制度にチャレンジ加点制度が組み込まれていない。

③ 人事考課に甘辛のバラツキがある
- 考課者訓練，面接訓練が行われていないため各考課者の主観による人事考課になっている。
- 上方シフト傾向と中心化傾向が多い。
- 制度は絶対考課，分析考課だが，年功序列の相対考課になっている。
- 考課点数の逆算化傾向がある。

④ 考課結果のフィードバック
- フィードバックがないため，能力開発に結びついていない。
- 職能像，人材像の期待像が明確でないため，フィードバック面接ができない。
- チャレンジ加点主義反映のメッセージが行われていない。

　一方，目標設定にあたって人事考課の「公正さ」「納得性」「動機づけ」という３つの視点から人事考課を正しくつけるポイントを挙げると，次のとおりである。

① 考課基準の明確化

　　考課結果には考課者の価値観が表れる。「あのような行動がなぜ評価されるのか」というような疑問や、「期待されている成果や行動が評価時点まで分からなかった」というようなことがあってはフェアな考課とはいえない。そのため，考課基準の明確化と考課における考課基準の統一（考課者訓練）を図る必要がある。

② 業績（成果）考課の視点

　　成果には「継続的な成果」「組織間連携による成果」「オリジナリティの発想による成果」「コンプライアンス（法令順守）徹底による成果」などいろいろなものがある。大切なのは，業績を上げるためにはどういう考え方や行動が必要なのかを示すことが大切であり，これを「方針の明確化」という。方針を明示すれば社員は意識して行動するようになる。

③ 考課基準の変更はタイミング良く

　　経営環境の変化があった場合には，タイミング良く考課基準を変更することが必要である。そのためには，方針の変更が自分の目標や業務にどう影響を及ぼすのかを，常日頃から部下にも注意して考えるよう意識づけをしておくことが大切である。

④ 変えていい基準，変えてはいけない基準

　　考課者が変わることによって，行動事実の見方が変わることがあってはいけない。しかし，管理者が変わったことによる方針の違いで考課結果が変わるとしたら，それは不当とは言えない。新しい管理者が，前任者と異なる考え方で業績アップを図ろうと努力をするのは当たり前であるからである。

⑤ 行動事実の確認

　　職務行動を通じて素晴らしい成果や行動や能力が見られたらそれを賞賛し，また，反対に望ましくない言動は即，注意をして改善指導をすることが大切である。人事考課は期間内に起こった事実を分析して考課をする。考課事実を正しく把握し記録するためには，「どんなことがあったのか」「どんな行動をとったのか」「それはどの位の頻度なのか」などを確認して

記録する習慣を身につけなければならない。

⑥　考課ランク根拠の明確化

　　A考課の理由を理屈で考えると，「Sではない理由とBではない理由」の両方が必要になる。A考課の場合，特に「Sではない理由」が重要になる。

⑦　考課結果の分析

　　考課結果を分析すると，人材育成や能力開発の課題を見つけ出す重要なツールにもなる。仕事の成果から「能力」と「プロセス」（努力，姿勢，行動）の両面を分析する。

　　能力の有無を評価するには，外的要因（ラッキー，アンラッキー，上司や先輩の援助・協力・指導など）を除く必要がある。能力とは「何を自力で成し遂げたのか」を評価するものだからである。例えば，「彼は今期高い成果をあげたので，能力は高いと考課できるだろう」など，これだけでは説明不足で正解とはいえない。もう少ししっかりとした説明が必要である。「彼は一般社員ながら係長レベルのプロジェクト業務を自力で無難に遂行し，高い成果をあげたので能力は高いと課長は彼を評価した。」などと説明することが必要である。

　　分析考課のポイントは以下のとおりである。

- 人事考課を行って能力開発の課題が見えてきただろうか。
- 人事考課結果の分析を通して能力，努力，姿勢，行動面の改善課題が見えてきただろうか。
- 考課者は考課要素の意味をよく理解して考課しているだろうか。

⑧　絶対考課か，相対考課か

　　絶対考課は考課基準（絶対基準）に照らして達成度や能力の保有度を考課するため，他者の考課結果は影響しない。そのため，考課方法としては公正であると考えられているが，絶対考課のデメリットは社員の働きぶりを示すものとしては不十分という意見がある。反対に，相対考課の問題は，比較対象となるグループメンバー次第で自分の相対的位置付けが上下してしまうという運・不運がある。

ともにメリット，デメリットがあるが，どちらの考課を採用すべきなのか，それとも両方を使い分けるのか。相対考課は一目見れば分かると言われるように分かりやすいし，絶対考課よりもはるかに公正であるという意見もある。競争相手がいるから負けないように頑張ることができるという意見も多数ある。

⑨　人事考課結果の反映は短期か，それとも長期か

　どちらの考課を重視するかは，今だからこそ論議を呼んでいる。能力主義か，それとも役割・成果主義かの問題でもあるからだ。言葉を換えれば，毎年の考課結果を長期に人事賃金処遇に反映させるのか，それとも短期で反映させるのか，どちらを選択するかの問題提起でもある。能力主義の考え方に立てば，人事考課は穏やかに処遇制度に反映させることになるが，役割・成果主義の考え方に立てば，半期ごとに少なくとも1年単位でアップダウンする可変性豊かな考課結果の反映となる。

⑩　ポジティブなフィードバックか，ネガティブなフィードバックか

　本人を活かしていくのに，褒めるのと叱るのとどちらがいいのか，言い換えればポジティブなフィードバックがよいのか，それともネガティブなフィードバックが効果があるのか，意見が分かれるところである。学習上のヒントから考えると，短所を指摘したほうが断然よいという意見と，良いところをもっと伸ばすのがいいに決まっているという2つの意見がある。学習上の効果では断然ネガティブなフィードバックがよいのだが，どちらを選択するのか。

⑪　コミュニケーションギャップをなくすために

　部下の話を最後まで聞かない上司がいる。そのために，コミュニケーションギャップが起こりやすい。課題はフィードバック面接である。面接は部下が主役であるので，部下の話を辛抱強くよく聞こう。上司の側から話し合いの時間を取る場合は，趣旨を十分伝えて面接時間を別に確保するように配慮するようにしたい。

5－10　人事考課の本音

　人事考課はあくまでも手段，方法に過ぎない。正しく人事考課をつけるために
は，理論をしっかりと勉強しなければならない。しかし，理論はあくまでも
理論であり，この理論をどう使うかは人である。人事考課結果をそのまま処遇
に当てはめるのであれば，担当者で十分対応ができる。しかし，時によっては
この人事考課を使わずに，人事考課に関係なく，皆一律同一処遇にすることが
ベターな場合がある。これは，経済状況や労働環境，企業内の労働事情を勘案
しての人事政策である。

　例えば，コロナショックの大不況期に，人事考課をシビアに実施して処遇差
をつけることが，社員のモチベーションアップに本当に有効なのかをよく考え
なくてはならない。しかし，各人の人事考課結果は社員台帳に記録しておくこ
とは必要である。人事考課の使い方は，経営環境や労働環境，そのときの事情
によって柔軟に変えないといけない。これらの人事政策を打つのが，人事に携
わる管理者の役割業務でもある。

6 生産性向上は人材の活かし方次第

　企業における働き方改革の関心事は，生産性向上の１点にある。

　働き方改革関連法案では，残業時間制限や強制的な有給休暇の付与，長時間労働の是正が焦点になっている。また，賃金では正規社員と非正規社員の格差是正の問題があったが，同一労働同一賃金の施行が大企業は2020年の４月から，中小企業は2021年の４月からスタートした。改革で問われているのは成果である。１人当たりの付加価値生産性は向上しているのだろうか。改革は現在進行形であるが，各企業とも現在どのような成果をあげているのかを検証しなければならない。残業時間を減らしても，人を増やしたり会議が増えたのであれば意味がないからだ。生産性向上とは，業務プロセスの見直し，課業の切り捨て整理，ジョブ型採用への切り替え，人材活用の見直しと処遇のあり方などの改善にまで踏み込んではじめて成果を手にすることができる。

6－1　人材の採用

　人材採用の方法には２つある。能力で採用するのか，それとも仕事で採用するのか，である。能力の判断は難しいので，職能・役割要件書を作成して必要な人材の要件を明確化するのがルールだ。この職能・役割要件書を基準に，採用面接で能力の有り無しをチェックするのが基本である。しかし，この要件書がなければ，その場のイメージ採用となる。大方はこれらの採用が横行している。

　新規学卒定期採用は，学校推薦，学校の偏差値，インターンシップ，学業成績等を参考に手続きが進められる。新卒採用者には人材育成プログラムが組まれる。これが職群管理制度である。一方，仕事の価値＝賃金となる中途採用者（ジョブ型雇用者）は，出来上がった人材活用なので育てる手間暇がかからない。この人材活用にも，あまり教育の必要のない単純労働者と高度専門職（プロフェッショナル）の２つがある。

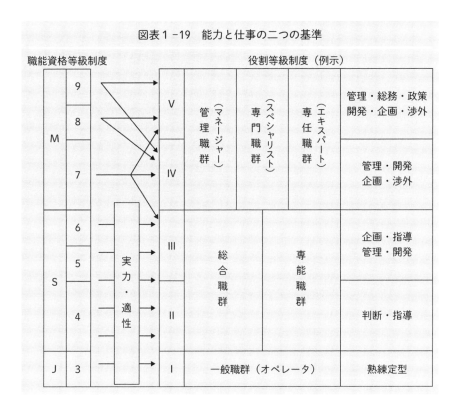

図表 1 −19　能力と仕事の二つの基準

職能資格等級制度				役割等級制度（例示）				

（職能資格等級：M 9・8・7　S 6・5・4　J 3 / 実力・適性）

役割等級：Ⅴ / Ⅳ / Ⅲ / Ⅱ / Ⅰ

管理職群（マネージャー）／専門職群（スペシャリスト）／専任職群（エキスパート）

Ⅴ：管理・総務・政策　開発・企画・渉外
Ⅳ：管理・開発　企画・渉外

総合職群／専能職群

Ⅲ：企画・指導　管理・開発
Ⅱ：判断・指導

一般職群（オペレータ）　熟練定型

　単純労働者の場合，非正規社員のほうが正社員の時給よりも高い場合が往々にしてある。これはあくまでも単純比較であるが，人手不足の折，こうしなければ人を集めることができない。しかし，賃金の高い低いは賞与，退職金，その他のフリンジベネフィットを含めた年収ベースで考えるのが正解である。

　正社員を主とする職群管理制度での採用は，長期勤続のスパンで考えることが必要であり，そうしなければ原価の帳尻を合わすことが難しい。職群管理制度による人材育成は，今必要とする人材を育てるのではなく，3年先，5年先に必要となる人材を育てているということを理解する必要がある。

　また，職群管理制度は男女機会均等法の隠れ蓑との批判がある。事実，男性は総合職，女性は一般職採用で初任給や昇給に差をつける人件費管理を行っている企業もある。しかし，これからの労働環境において，女性の感性を活用で

きない企業に発展はあり得ない。それらの企業は時代錯誤と言わざるを得ず，淘汰されるのは時間の問題である。

6－2　ジョブ型人材の雇用と活用

(1)　プロ人材

　欧米型のジョブ型人事制度の導入が近年話題になっているが，新規事業の立ち上げにプロ人材を活用するのは効果的である。新規事業，新分野の進出などに人材を育てている暇はないからである。チャンスが来て瞬時にチャンスをつかめないようでは，さらなる事業の発展は望めない。ジョブ型人材雇用は，事業計画があり，その計画達成のために必要な人事戦略の上に成り立つ雇用である。処遇は仕事の価値＝賃金で分かりやすい。だが，そのプロが，自社のニーズや企業風土を理解して，組織の一員としてどれだけ組織に貢献してくれるかは別問題である。

(2)　シニア社員・中高年齢者の能力と仕事のミスマッチ

　過去の栄光を持つシニア社員の有効活用は，ジョブ型雇用にすることによって組織，本人双方に負荷のない公平な雇用関係を結ぶことができる。

　シニア社員・中高年齢者のジョブ型雇用を促進する人事管理施策の1つに，複線型人事制度（職群管理制度）がある。この制度は，働き方の多様化を受けて，40歳までは企業責任で「本人の意思を尊重したキャリア開発（人材育成）コース」で能力を育て，40歳を過ぎたらその能力を活用する本人責任による「適性による人材活用コース」の2つで育成，活用が行われる。

　しかし，デジタル社会の到来で，シニア社員・中高年齢者の熟練の価値が陳腐化するリスクが大きく，また働く環境も激変している。中でもシニア社員の能力と仕事のミスマッチが特に目につき，現在，真っ先に変えなければならないのは，シニア社員の雇用と賃金の問題である。

　超人手不足と年金支払いの財政問題を抱える厚生労働省は，「高年齢者雇用安定法」を改正し，2021年4月から，高齢者が希望をすれば70歳まで働き続けられる制度の整備を企業の努力義務とした。60代の働き手を増やし，少子高齢

化で増え続ける社会保障費の支え手を広げることを狙いとしている。

　この改正によって，65歳までのシニア就業制度の実施義務（定年の廃止，定年の延長，継続雇用制度の導入）が，70歳までの適用を努力義務とすることとなった。新たに他企業への再就職実現，フリーランス選択者への業務委託，起業した人への業務委託，社会貢献活動への参加が加わるのが特徴である。企業は，これらの追加される項目のうちから，1つ以上のメニューを導入する必要がある。

　しかし，当面は実施しなくても社名公表はしない「努力義務」としている。60代前半については，今までどおりに「定年廃止」「定年延長」「継続雇用制度導入」のうちどれかを選択し処遇する義務がある。実行しなければ行政指導を経て最終的に企業名が公表される。

　60代の就労は従来，公的年金の受給が始まる65歳までの収入確保という「つなぎ資金」の色彩が濃かった。厚労省は，高齢者が働くことで健康寿命も延び，医療，年金，介護などの社会保障費の財源確保にプラス効果になることを期待し，年金受給開始時期を75歳まで繰り下げて受給額を増やす制度改革を予定している。

　ただ，企業側の戸惑いの声も少なくない。今までネクタイを締め部課長を経験したホワイトカラーが，現場で箱詰め梱包作業や配達，ガードマン業務ができるのかといった問題がある。また，専門性を持たず単純定型業務の楽な仕事に従事してきたホワイトカラーは，加齢とともに考える力が衰えていく。

　職務調査で課業・役割業務を洗い出し，能力開発やキャリア開発の道筋は企業責任として公開しておきたい。

⑶　ジョブ型採用と組織の効率性

　組織はいつも効率性を求めている。新卒一括採用は能力発揮の可能性に期待し，能力がない人，陳腐化した人には早くリタイヤしてもらいたいと考えている。しかし，日本の法律ではいったん採用すると安易にやめさせることができない。そこで，能力が陳腐化しないように定年の日まで社員教育を継続的に行う。

一方，有期労働契約の臨時社員はフォロー型人材として採用をしており，仕事がなくなれば雇用契約を解除する。業務繁忙期に雇う臨時社員，派遣，パートタイマー，アルバイト社員も同様である。現在，これらの非正規社員と正規社員との処遇格差が社会問題になっている。派遣，パート社員は効率という面では組織に大きな利益貢献をもたらしてきた。人的集約産業では，人件費比率をいかに下げるかが経営の重大課題になっており，経団連が推奨するジョブ型雇用は人材育成コストを省略し，属人的要件による人件費の自然増を防ぐ最も合理的な人件費管理方法ともいわれている。

6-3　キャリア開発の仕組み

　組織には日が当たる場所と当たらない場所がある。また，自分の性格に合った仕事か否かといった適性の問題もあるが，これらは配置の問題である。組織のメイン部署で働く者は出世が早いなど，どのような仕事に就くかは運・不運の問題もある。対人関係が苦手な人材を営業に配属したり，また数字が苦手な人を経理業務に従事させることは配置ミスと思うが，その選択権は企業側にある。従来は企業側で一方的に決めていた配属先や担当職務についても，最近は本人の意向を聞くようになった。これらの人事制度を複線型人事制度とか職群管理制度と呼び，組織においてキャリア開発を着実に形成する重要な仕組みである。

　能力主義は先述のとおり，「異質，異能主義」という働き手の多様な労働観や考え方を受けて複線化している。したがって，企業が各人に求める期待像（能力，成果）も多様なものとなる。これまでの年功主義は，勤続年数，学歴をベースにする同質的，画一的人事管理であった。よく考えてみると，年功主義は努力を否定する逆転不可能な差別基準であったといえる。勤続年数，年齢，学歴，性別などをベースにする年功基準は，努力をしても逆転ができないからである。これからの能力・役割・成果主義人事制度は，本人の意思や能力，適性を基準に人材をセグメント（細分化）する。そのセグメントした人材群の特性に応じて評価，育成，活用，処遇が好循環する人事管理制度である。これが「職群管理制度」で，職群によって勤務形態も労働形態も知識，技能の深度も

異なったものとなる。総合職群は将来，経営幹部の職責を担う役割を遂行するための問題解決能力や企画立案力を持つと同時に，現場実務にも精通していることが望ましいことから，職種転換や人事異動を含め，主要職種のメイン職務の体験が必修の職群である。総合職から管理職への登用にあたっては，意図的，計画的に人材を育て，管理職としての適性ある者を選抜，配置，活用するフレキシブルな「多元的人事管理」のルートが用意されている。

　人材を育て活かす職群管理制度には，おおむね次のようなコースがある。

⑴　本人の意思を尊重した人材育成コース

　日本型経営は長い年月をかけて人を育て，活かす制度である。したがって，キャリア開発の前半は本人の意思による人材育成の職群である。職能資格等級制度または役割等級制度（日本型成果主義）を共通の処遇軸として独立的にキャリア形成が行われる。大切なことは，あくまでも本人の意思を尊重した職群の選択による育成コースであるという点である。

①　プール職群（モラトリアム職群）

　新規学卒者は，定石ではまずプール職群に配置する。このプール職群は職群選択のモラトリアム（猶予期間）としての職群である。実務経験もなく仕事や職群の実態を知らない新卒者が，初めから職群選択を正しく行うことは事実上できない。したがって，猶予期間中に職群や仕事の内容を見極め，次に述べる多能化コース（総合職），深能化コース（一般職），専門化コース（スペシャリストコース），専能化コース（エキスパートコース）のいずれかのコースを選択することになる。最近目に付くIT人材の高額初任給による採用は，これらのスペシャリスト，エキスパートのスカウト採用である。プール職群における進路選択の時期，方法などは，入社後一定の期間（2年程度経過後）に「人事調査」で本人の意思を確認し配置するのが一般的である。

②　多能化コース（総合職）

　将来の経営幹部要員として必要な分野業務に従事し，幅広い業務知識や技能・技術を修得，習熟する職群である。必要なキャリア開発ルートに沿って職種間異動，地域間異動などを行う。企業の基幹社員としての位置づけである。

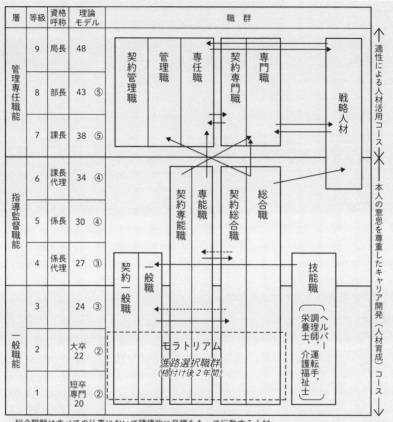

図表1-20 複線型職群管理制度（例示）

・総合職群はすべての仕事において積極的に目標をもって行動する人材。
・専能職群は，自分の資格内だけの仕事を忠実にやりこなす人材。
・一般職群は資格内でも限られた部分しか行わず，条件をつける人材。
　夜勤ができないなど，時間的制約等がある者。
・技能職群は，栄養士，調理師，ヘルパー，介護福祉士，看護助手，運転手，保育士など。
　（介護士，介護福祉士はケアマネージャーになれば，専能または一般職へ）
※職群転換は2回まで
※総合職群への移動の場合は，職種転換試験を行う。
※初任格付後2年以内に本人の意思を確認の上，どの職群でいくかを決める。
※41歳から役割・成果主義（日本型成果主義）へ

　最近は，転勤や人事異動を拒否する地域限定社員が企業の経営幹部候補生として昇格，昇進する例がマスコミ報道されている。しかし，これはある特定分野業務の限定した幹部昇進である。

③ 深能化コース（一般職）

　限られた一般定型業務に従事し，習熟を極めた業務を遂行する。地域間の人事異動，職種間異動は原則としてない。社員教育では実践的な職能訓練やOJT教育が主体である。

　転勤や人事異動は自宅通勤内に限定される。

④ 専門化コース（スペシャリスト）

　一定の専門分野業務に関する高度な知識，技能，技術を身につけ，研究，商品開発，新規企画などを担当する人材群で，最近ではITやAI関係を学ぶプロ的な特殊技術を持つ新規学卒者をスカウト初任給（高額）で採用する企業もある。すでにある一定の専門知識，専門技術を習得しており，専門分野を指定して募集する採用が行われる。したがって，職種間の人事異動は原則としてない。あっても専門分野業務限定の人事異動になる。

⑤ 専能化コース（エキスパート）

　一定分野業務の経験を積み，技能，技術を身につける高度熟練者を目指すコースで，いわゆるベテランとして業務を推進する人材群である。職種を指定し，また仕事を通じて業務推進力を磨き，エキスパートを志向する人材群である。職種指定は採用時に行う場合と入社後に自分の専門分野を定めて行う場合の2通りがある。職種間の人事異動は職務柄，現在職務の周辺業務に限られたものになる。しかし，転勤とか事業所間の人事異動は普通に行われる。

(2)　適性による昇進人材活用コース

　職能資格等級，役割等級の上位クラスは経営組織が求める人材群である。これらのクラスになると，本人の意思よりも経営側が経営幹部としての適性や資格要件をチェックし判断を行うことになる。社員の成長，キャリア形成を最適な形で促進させたうえで適性を確認し，人材の活用を図る。適性をもとにした職群には次の4つのコースがある。

① 管理職コース（ライン・マネジャー）

　部門統括，部下掌握育成を主な役割として担当しながら，企画開発や業務推進にも当たる管理職群である。幅広い視野と経営に対するバランス感覚が重視

されるコースであり，多能化コース（総合職）のゴールに位置する職群である。

② 専門職コース（スペシャリスト・マネジャー）

　特定の分野で極めて高度な知識や技術，技能を身につけ，主として技術，商品，市場，組織などの企画開発を担当する。専門職には企業内専門職能グループと弁護士，公認会計士，税理士などの社会的専門職能グループ（プロフェッショナル）の2つに分けることができる。多能化コース（総合職），専門化コース（スペシャリスト）のゴールに位置する。

③ 専門職コース（プロフェッショナル，専門職）

　一般的にプロといわれる社会的な職種職群である。その代表例を挙げれば，SE，弁護士，公認会計士，税理士，大学教授，医師，薬剤師などがある。職種柄，社会的な労働市場が形成されている専門職種の職群で，社会的な労働価値が明らかにされている職種群である。極めて高度な専門知識，技術の習得など学問の理論的な体系，知識，実務または応用知識の上に成り立つプログループと特にハイレベルの高度な専門知識は必要としないが技能の熟練を積み重ねた技能系のプログループがある。これらの職群は，これからのIT，AIの高度情報化社会における企業の中で，先導的な役割を持ち企業発展のカギを握る。組織の要所要所にうまく配置し，人材の有効活用を図ることで組織力を発揮することができる仕事人である。このコースは外部市場からすでに完成したプロ人材をスカウト採用するのが一般的である。社会的位置づけは明確で，その社会的価値を受けて職能資格等級や役割等級の格付けは必然的に決まる。

④ 専任職コース（エキスパート・マネジャー）

　一定分野での深い経験をもとに，高度熟練者として担当業務で高い成果をあげることが期待される人材群である。その道のベテランでエキスパート・マネジャーとして強力な業務推進力を持つ。ベテラン社員の活用や将来の管理職定年制度の受け皿にもなる職群である。専能化コース（エキスパート）のゴールに位置する。

　新型コロナウイルスの感染拡大にともないリモートワークが常態化する中，管理者の役割も大きく変化しつつある。従来は目の前にいた部下が在宅勤務に

なり，就業管理や業績・成果評価の把握が難しくなっている。課題は労働生産性であり，目標管理が一層大切になる。従来の仕組みにとらわれない柔軟な仕事のやり方を目指して，企業にはドラスティックな組織，人事制度の改革が求められている。その核になるのは管理者であり，能力のある管理者への期待はますます大きくなっている。特に，時代ニーズを先取りした変化に柔軟に対応できる能力が必要とされている。これらの期待される管理者の選抜は，昇格管理を基準に従いしっかりと実施すれば，必然と本来の実力ある管理者を選抜することができる。

　昇進は処遇ではなく役割である。処遇の主たるものは賃金であり，これらは昇格によって獲得できる。しかし，現実的には処遇のために管理者を多く作り，その結果，組織の肥大化を招くなどの弊害に悩む企業が多い。一方では，ITにより新しい仕事のやり方が定着する中で，組織のフラット化が進行し，管理者不要論の声も聞かれる。

　心情や情実に流され登用された力のない管理者は，遅かれ早かれ淘汰されるのは時間の問題といえよう。

6－4　昇進管理の進め方

　日本企業の昇進管理の大方の流れは，年功要素にプラスして休まず遅れずといった「企業忠誠心」にウエイトが置かれ，表向きの「形」が何よりも大事であった。しかし，最近は組織への利益貢献（成果）をより重視する企業が大勢を占めている。しかし，その内容は成果（結果）までのプロセスや背景の分析が弱く，結果として能力と成果の不一致となる管理者が多い。能力はあってもその能力が成果に結びつかない。また，第一線で実績をあげている者が必ずしも管理者に登用され，管理者としてふさわしいとはいえないことがある。「名選手，必ずしも名監督ならず」ということを思い出してみれば納得がいく。

　部下を持つ管理者として登用する際のキーポイントを挙げれば，「人物適性観察表」（図表1-21）のとおりである。仕事ができることは無論のことだが，品格，印象，性格などにウエイトが置かれることが多い。まさに日本的特異性といえよう。

図表1-21　人物適性観察表（例示）

㊙

氏名		標準年齢（歳）	入社　令和　年　月	令和　年　月

評定者印

職位　　部　　課

性向（性）

好ましい	好ましくない
快活	陰気
円満	角がある
素直	強情
誠実	誠実味がない
謙虚	横柄
如才ない	愛想がない
沈着	薄い
線が太い	線が細い
慎重	軽率
機敏	鈍重
覇気がある	射幸心が強い
気が利く	気が利かない
緻密	粗雑
粘りがある	あき易い
温順	卑屈
精力的	無気力
理性的	感情的

その他の性向：
無計画／没常識／理屈っぽい／怒りっぽい／ぐうたらっぽい／のんき／神経質／じょう舌／能弁／無口／気まぐれ／向こうみず

計画的・独善的・孤独的・野心的・安協的・社交的・反抗的・追従的・努力型・内向型・権力型・独走型・思索型・実行型・頭脳型・進取型

学歴
大学（工・文・理）／短／高／専門／中

昇進遅否　その他

転勤に関する所見

法人所属
□申し分ない
□多少懸念がある
□時期が早い

転勤の可否
□いつどこへでも転勤可能
□特定地転勤希望
□当分転勤不可（　　　）
□在職中転勤不可
転勤希望（　　年間位）

転勤の可否の理由
□能力向上のため
□沈滞気味のため
□現職が相当長いため
□業務運営上支障があるため
□もう少し様子をみたいため
□その他（　　　）

将来性
□非常に有望
□有望
□指導と努力次第で伸びる
□伸びる見込みがない

家庭の事情
(1) 転勤の際、同伴を必要とする両親がいる者については、次の事項について記入のこと。
　　続柄　氏名　生年月日　健康状態
(2) 単身赴任など家族との別居が予想される場合、その理由等。
(3) その他

人物特徴（人物特徴）

性向	□極めて好ましい性向	□多少好ましくない点がある	□好ましくない	
総合	□好ましい性向	□無難		
素行	□業行がよい	□無難	□多少懸念がある	□兎角の噂が多い
品性	□信頼できる	□無難	□やや不安がある	□不安
健康	□極めて健康	□普通	□無難	□多少懸念がある
身なり	□キチンとしている	□良い方	□だらしがない	□派手
印象	□感じが良い	□良い方	□良くない点がある	
言語	□明瞭	□明瞭な方	□普通	□不明瞭

特記事項

実際の役割分担は，組織における上司と部下の関係から成り立つ。これをフォーマル組織というが，人材の真の裏表がしっかりと見えるのは仕事を離れたインフォーマル組織だ。ある社員の様子や動向がおかしいと思うときがあるが，上司に聞くよりもその社員と日頃親しくしている別の社員に聞いたほうがよく分かることがある。

フォーマル組織では人間はなかなか真の姿を見せてはくれないものである。部下を導く立場としてふさわしい人材かどうかを判断するには，インフォーマル組織での実態を把握することが大切である。

6－5　人材育成と人事異動の関連性

⑴　人事異動の効用

キャリア開発の有効な手段，方法の1つに人事異動がある。また，人事異動が人材活用制度であることは誰もが知るところである。

意図的，計画的な人事異動によってキャリア開発は着実に形成されるが，人事異動は社員にとっては一大関心事でもある。特に毎年4月1日付けで実施される定期人事異動は，悲喜こもごもの定例行事でもある。しかし，最近の働きやすい職場についてのアンケート調査では，転勤のない職場と答える社員が多く，転勤や人事異動を廃止する企業も散見されるようになった。人手不足に対する対応の一環だが，本当にこれでよいのか，人事異動の効用とは何か，次に考えてみることにする。

社員の中には人事異動をネガティブに考えている人もいる。人事異動の種類にはいろいろあるが，転勤とか人事異動は新しい人間関係づくりや一から仕事を覚えなければならない苦労が多く，楽しい話ではない。

しかし，人事異動は社員の強みを見つけ適材適所の配置を図るため，また社員にとっては，職務拡大によるキャリア形成として欠かすことができない将来への布石である。

職種限定枠での採用であっても，その職種に適性があるとは言い切れない。例えば，資格免許職の看護職の従事する業務範囲にも急性期，慢性期，回復期などのほか，数多くの職種があり，マスターしなければならない職務が多数あ

る。事務職群も同様で，人事異動は一人前になるための人材成長のプロセスである。

　人事異動をしないという企業は，ジョブ型採用で人材を採用する。いわゆる，仕事が主人公であり，これを仕事基準という。この採用方法は欧米でよく見られる。これに対し日本の能力，人物による採用を人間基準という。人間基準は仕事基準と比較すると極めて柔軟である。人はどんな仕事にも柔軟に対応することができる。人が主人公で，人事異動によって新しい仕事をどんどんと吸収し職務拡大ができる。また，人事異動によって配置の運・不運をなくすことができる。日が当たらない場所にいた者は異動によってチャンスも巡ってくる。この時点で人事は公平，公正になる。

　企業によっては，人事異動1回につきキャリアプラスワン（1点）を付与するところもある。管理者になるためには，少なくてもこのキャリアパス3点（異職種，異部署経験3回）を必要資格要件にしているところも多い。これからの人事制度のあり方を考えるとき，人間基準をベースに欧米型の仕事基準を上乗せした併用型がわが国の人事制度の基本軸になることは確かといえる。

　人事異動の効用はわが国独自の人材活用方法であり，また職務適性探しとキャリア開発の場の提供として自信を持って有効と言い切ることができる。

⑵　人事異動の大切さ

　人事異動の意義は，優秀と評価された者が本当に優秀者なのか，上司を変えることにより再評価を行えることにもある。再評価でも同じく優秀と評価された者は，人事異動によってさらに新たな職務を修得，習熟しキャリア形成を積み重ねていく。一方，逆に業務成績不振者は本当にだめなのか，上司を変えることにより敗者復活再評価の機会を提供することを意味している。

　人事異動には本音が2つある。1つは昇進のためのステップと左遷であり，もう1つは退職勧奨のため，誰もが嫌がる僻地への人事異動である。左遷はまだしも，僻地への異動発令があったときの身の振り方は自分の年齢，家庭事情等をよく考えて自己責任として決断をしなければならない。どんなに努力しても相性の合わない企業もある。一方，昇進については明らかに昇進ルートが形

成されている企業も多々あるので，栄転か，左遷かの理解は自分を含め社員の誰にも知り得ることである。

図表1-22　人事異動の流れ

① **人事異動の主な種類**

　人事異動は原則，定期として年1回，毎年4月1日付で行い，臨時の人事異動は10月1日付にて行っているのが多くの企業の実態である。

- 役職の任命
- 役職の降職，解職
- 職種，職務間異動
- 昇格，昇進
- 就労場所の異動

② **人事異動の必要要件**

　下記の必要要件に基づき異動候補者を選抜，抽出する。

- 組織の再編成，組織の新設，職務の合理化等にともない，人事異動を必要とするとき
- 休職中の職員が，休職事由が消滅し，現職務，職位に復帰させることが困難と判断されるか，またはその職務の資格要件から考えて不適格なとき
- 職員の死亡，退職，解職にともない欠員が生じたとき
- その他前各号に準じ，人事異動が必要と判断したとき
- 発令は，原則として異動月の1日付けをもって行う

③ **役員会へ人事異動案の答申**

　人事課で人材の適性評価とキャリア開発候補者を次の基準でリストアップし，人事異動案を作成し役員会に答申する。

- 1年以内に昇格した者（勤務成績2期連続優秀者）については，職務拡大とより一層の視野の拡大を図るため，全員異動候補者とする
- 同一部門在籍5年以上の者については，職務拡大とより一層の視野の拡大を図るため，原則として全員異動候補者とする
- 勤務成績優秀者（直近4期，2年の人事考課がS～A考課）で，今後より一層の能力向上が期待される者
- 勤務成績が不振者（直近4期，2年の人事考課がC～D考課）で，担当職務になじまない者，または不適格の者

④ **人事異動の決定**

　人事異動の立案は人事部長が行い，関係部長と協議のうえ，原案を役員会へ答申する。最終決定は社長が行う。

⑤ **人事異動の発令**

人事異動の発令は，原則として１ヵ月前とする。ただし，決定した時点であらかじめ部門長および本人宛に内示する。

　　人事異動を命じられた社員は，指定する日時までに齟齬なく異動先に赴任し，新任務に支障がなく勤務しなければならない。

⑥　**業務引継ぎの準備**

　　内示を受けた社員は，速やかに業務引継ぎの準備をしなければならない。緊急発令の場合は，業務引継ぎを速やかに行わなければならない。

⑦　**業務引継ぎ**

　　人事異動の発令を受けた社員は，発令後７日以内に次の事項を記載した引継書を作成し，前・後任者双方の業務引継ぎと確認を行う。

- 保管帳票類
- 未処理事項およびその処理方法
- その他必要事項

⑧　**着　任**

　　転勤，職場，職種の転換を命ぜられたときは，特別の事情がない限り指定する日時までに新任務に勤務しなければならない。ただし，特別の事由により指定日までに着任し勤務できないときは，その事由を届け出て部門長の承認を得なければならない。

⑶　人事異動と昇格・昇進の考え方

　人事異動は能力開発や組織活性化のための人事戦略であり，また手段・方法の１つでもある。しかし，なかには，長い間１つの業務に従事しているので安心だと考え，異動人事を拒む経営者も多い。しかし，その社員は一担当者としては立派でも，エンプロイアビリティ（他社で雇用される能力）を持っているかは，はなはだ疑問である。学説によれば同じ定型業務を５年以上やっていると思考停止になるという調査データがある。５年間も同じ仕事をやっていれば，誰でも熟練するのは当たり前のことと思う。毎日，左団扇で仕事をやるようになるので，日進月歩の勉強も疎かになり惰性で仕事をする人が多い。その結果，やがて能力は陳腐化してしまう。したがって，１つの職種（仕事）をマスターしたら，また新たな仕事に異動する。この積み重ねがキャリアパスである。

　この10年間に多数の業務を経験した者と一業務しか経験をしなかった者を比較してみて欲しい。輝きが違うはずだ。キャリア開発（CDP）は意図的，計

画的に積み重ねてこそ，経験とともに習熟，修得能力は伸びる。したがって，大手企業の役職昇進システムには，キャリアパス制度が組み込まれている。すなわち，課長になるためには，少なくてもキャリア＋３部門を昇進の資格要件としている企業が多い。昇進をするためには，まず役職対応の資格等級の条件を満たしていること，さらに必要滞留年数を満たしていることが役職候補者の絶対必要条件になる。

　人材をダイナミックに配置し活用していくためには，処遇は安定的にしておくことが大切である。それは昇格（処遇）と昇進（配置）を分離しておくことを意味する。処遇が絡むとメリハリのある人材登用ができないばかりか，組織の活力まで阻害する結果になるからである。例えば，管理者が異動したとしても，資格も賃金もそのままであるならば配置換えや選手交代も思い切ってできる。これを実施するためには，職能資格等級制度を導入し，昇進管理をシステ

図表１-23　人材アセスメント（コンピテンシー評価の位置づけ）

日本賃金研究センター方式のツールと内容

「人事記録」「人事考課」「適性検査」「多面評価」「自己申告」
「コンピテンシー評価」の６つのツールを基礎に分析評価

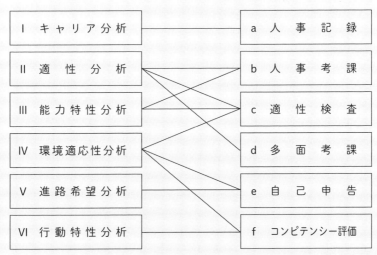

ムとして実施する流れを作ることが必要である。資格等級が1つ上がるのが昇格であり，上位役職位に上がるのが昇進である。しかし，課長クラス以上者に適応する実力主義人事では，昇格も昇進もダイナミックに動かす必要がある。昇格も昇進滞留年数などの規定は無視して，思い切った飛び級昇格，抜擢昇進も必要であろう。しかし，人材育成をメインとする係長昇進までは，昇格と昇進を分離した安定的な処遇がよい。

　そして，昇格したら原則として人事異動があることとする。異動で職務拡大を繰り返しながら多能化を進めキャリアを作っていく。しかし，40歳を過ぎたら1つの道を極める専門能力が必要である。もちろん職種によってもそのキャリア開発のステップは異なったものとなる。また，40歳以降は仕事だけではなく人間としての幅も大切であり，人事異動によって視野を拡大し物の見方を深めることも必要である。その他，社会性や使命感，気力，体力などの醸成にも意識することが大切である。能力は意識してこそ光輝くものとなる。

　人格など人間としての総合的な能力を評価するためには，アセスメント（事前評価）を行う。つまり，本人の能力や意志および適性を確実に把握するためには，人事考課や適性検査，コンピテンシー評価，多面評価，キャリアパスの実績，自己申告などのデータを分析，活用し，その人が持つ全能力を把握することが必要である。アセスメントは将来的能力を把握する方法として優れている。

　課長昇進は，係長として優秀だから課長に昇進させたのではない。課長業務が遂行できることを認定したので昇進をさせるのである。肩書は係長のままで人事異動や配置換えを行い，1年程度課長業務を代行させた結果，課長としてふさわしい問題解決ができたこと，および物の見方や考え方，管理センスなどの実績が確認できた後に，昇進が認定されるのである。

　昇進は賃金を上げるための処遇ではない。あくまでも役割であり，役割が果たせなくなったら自らマウンドを降りなければならない。

　また，デジタル化社会の到来，AI産業革命といわれる中，最先端のME機器を使えないと経営変化に対応できない時代になった。変化対応能力のある人材を1人でも多く育てなければならない。人事異動は企業の将来人材を育てる一

大行事でもある。

人材育成には絶対考課，人材活用には相対考課を用いる。絶対考課だけでは組織の活力を奪うため，以下の点に留意する。
① 異動後の成績考課は職務基準を下げる。
② 異動後の能力考課は一定期間中止する。
③ 昇格すれば異動を行う。異動は昇格直後に行う。
④ 異動後は業績考課を一定期間猶予する。
⑤ 異動キャリア＋1システムを導入する。
⑥ 人事考課の絶対区分と相対区分を適用する。
⑦ コンピテンシー評価を活用しつつ，その限界を知る。

6－6　人事異動と人事考課の有利・不利の課題

　人事異動は新たな職種や場所で，また一からの出直しになるために人事考課は不利につけられるので人事異動をしたくないという人が多い。本音でいえば，全くの異職種への人事異動はキャリア形成に不利になることは確かである。幹部候補生として視野を広げるための異動は，関連分野業務への人事異動である。

　人材育成のための異動については，どの企業においてもあえて反対をする理由もないだろう。しかし，実態は少し違うようだ。配転と人事考課，配転とキャリア開発の関係で人事考課は有効な手段とされてきたが，このあるべき理論に沿って実施しているのは一部の大企業である。人手がない中小企業では，人事異動理論は綺麗ごとに聞こえるかもしれない。中小企業においては職種という概念もなく，誰でも何でもやらなければならないのが実態であるからである。また，中小企業では職種や職務の概念の整理もできておらず，誰でも与えられた仕事はやらなければならないのが実態である。

　職種は組織を作る最小の単位である。職種の概念作りと中身の課業の洗い出しと整理は，企業発展の段階ではいつかは行わなければならない組織づくりの

重要作業であるので，職務調査委員会を作りチャレンジ加点で役割・職種別職能要件書の作成に取り組むことも一方法である。

　綺麗ごとといわれるかもしれないが，人事異動時の人事考課のつけ方についての理論構成は次のとおりである。

　異動後の成績考課は，前出のように職務基準（期の初めに上司と面接して決めた今期目標）に対しての結果が問われる。やったか，やらなかったかである。しかし，配転後の人事考課は，例えば4等級の部下にいきなり4等級の仕事を与えてもできないのが当たり前である。そこで人事異動があったときには，不利が生じないように「職務基準をぐっと下げて新しい仕事に慣れるまでの猶予期間，最大で2年までの間は人事考課は異動前の成績考課の結果と同じにつける」ことがルールになっている。

第 2 章

能力・役割・成果主義賃金制度の総点検

世界に広がった新型コロナウイルスの感染拡大は，会社員の働き方にも大きな変化をもたらした。毎朝オフィスに向かう人は格段に減り，それぞれが自己管理のもとで，それぞれの場所でリモートワークで自分の仕事をすることが定着した。それぞれの場所で働くならば，社員の就労管理や評価，賃金の支払いの軸も変えざるを得ない。

これらの状況を踏まえ，本章では従来の年功主義賃金制度から能力・役割・成果主義賃金制度へと人事パラダイムを転換する意義とその実務について述べる。

1 / 賃金体系の選択

1−1 賃金体系の種類

　賃金制度の構築にあたっては，最初にどのような賃金体系を選択するのか企業の判断が必要である。賃金体系には，人間基準賃金（Personnel基準）の年齢給，勤続給，年功給，職能給，職種給の５つがある。また，仕事基準賃金（Job基準）には，職位給，職務給，職責給，役割給，業績給，成果給の６つがある。

　これらの賃金を決める要素とその定義は次のとおりである。どれだけやったかに対する「業績給」，今何をやっているかで決める「職務給」は，いずれも仕事基準賃金である。一方，ある職種の仕事をどのくらいできる人であるかで決める賃金を「職種給」というが，この賃金は仕事と人間の両基準賃金である。また，社員として何がどのくらいできる人であるかで決める賃金を「職能給」または「年功給」といい，いずれも人間を基準にしている。

　このように賃金体系は仕事基準と人間基準と両者のミックス基準の３つがある。仕事基準賃金を労働対価賃金，人間基準賃金を労働力対価賃金ともいっている。

　仕事基準賃金は仕事に値札がつき，人間基準賃金は人の背中に値札を張る賃金であり，仕事基準賃金は仕事が変われば賃金も変わるが，人間基準は，仕事が変わっても賃金は変わらない。人に値札がついているからが理由である。

　仕事基準賃金は刺激性が高く定昇はなく，人件費の適正さといった点からは優れているといえよう。適正人件費管理から考えれば，職務給や業績給の選択が望ましい。

　一方，人間基準賃金である年功給は時代感覚からして問題が多く，職能給や職種給は刺激性や人件費の適正さでは劣るが，安定性では優れており，特に人事異動の自由性，仕事の創造性といった点では優れているといえる。職種給は

図表 2－1　賃金体系の種類

区分		賃金名	賃金を決める要素	定義
人間基準賃金	能力主義	年齢給	年齢（生活保証，生計費）	年齢を基準（年齢別生計費）にした賃金
		勤続給	勤続年数（経験の長さ）	職務経験の長さで支払う賃金
		年功給	学歴，性別，勤続（経験）	学歴，性別，勤続年数で支払う賃金
		職能給	職能資格等級制度，職務遂行能力	職務遂行能力の伸長に応じて支払う賃金。原則として降給，降格なし
		職種給	職種別資格等級制度，職務遂行能力	職種別熟練度の職務遂行能力の伸長に応じて支払う賃金。原則として降給，降格なし
仕事基準賃金	成果主義	職位給	役割（実力）等級制度，ポストの価値	ポストの価値により支払う賃金
		職務給	役割（実力）等級制度，職務の価値	職務の価値により支払う賃金。職務の価値が上がらなければ賃金も上がらない
		職責給	役割（実力）等級制度，職責の大小	職責の大小により支払う賃金，仕事の守備範囲，困難度に対して支払う賃金
		役割給	役割（実力）等級制度，役割の大小	職責に目標のチャレンジ度を加えた役割の大きさに対して支払う賃金
		業績給	役割（実力）等級制度，業績（役割の達成度）	役割の達成度に対して支払う賃金（業績給＝役割給（職責給×チャレンジ目標）×役割の達成度評価）
		成果給	役割（実力）等級制度，成果（利益など最終成果）	経常利益など最終成果に対して支払う賃金（成果給＝業績給＋組織貢献度給）

同一職種の中で職務が変わっても賃金は不変だが，職種が変われば賃金は変わる。したがって，賃金の安定性，柔軟性，やりがいからは職能給が一番優れているといえる。

　どの賃金を選択するかは企業における政策やニーズの問題ではあるが，現在の日本では，日本的雇用慣行の特質を活かす職能給の構築をベースに，さらにその職能給に役割・成果主義賃金を付加する形の賃金体系が一般的である。すなわち，人材が育つまでは能力開発の職能給を，人材が育った後は人材活用の

役割・成果給の適用が分かりやすく，これからのあるべき賃金スタイルとして
普及していくと見込んでいる。

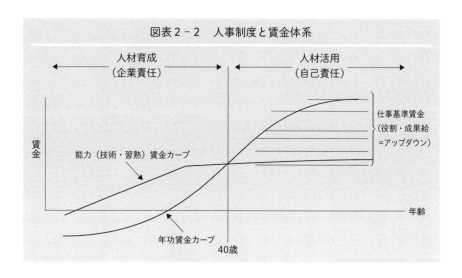

図表2-2　人事制度と賃金体系

1-2　賃金体系選択の留意点

　職能給は，職能要件書を整備しないと年功賃金と変わらない曖昧な賃金にな
る。そこで現在脚光を浴びているのが成果主義（ジョブ型）賃金であるが，業
務経験のない何も分からない新人にいきなり成果主義（ジョブ型）賃金を導入
することはやり過ぎである。一概に成果主義（ジョブ型）賃金といっても，そ
の人の能力グレードに見合った職務記述書（job description：ジョブ・ディス
クリプション）の作成が難しく記述書作成に手間と費用がかかるため，中小企
業ではやりきれないのが実情だ。課長が一般社員業務で立派な成果をあげたか
らといって優秀な課長と評価するのかである。

　したがって，成果主義（ジョブ型）賃金を導入するためには，少なくても役
割（実力）等級制度をまず導入して，役割業務のメイン業務を洗い出しておく
ことが必要である。係長以下一般社員のホワイトカラー職は，職能資格等級制
度をベースに「課業・役割業務の難易度評価判定基準」を活用して課業，役割

業務の等級付けを行う。その人の能力や実力を判定するには，努めて職能資格等級に見合った課業・役割業務を与えることが必要であり，これにより職能給の体裁は整えることができる。

　一方，現業労務職，一般的にブルーカラーといわれる現業定型業務に従事する社員は人手不足の現在，勤続給，年功給が一番適している。よほど勤務態度に問題がない限り，勤続年数が同じならば皆同じ賃金にしたほうが無難である。彼らは皆同じ仕事をしており，また仲間意識が強くお互いに給与明細を見せ合う社員も多いので，皆一緒だと安心をする。時節柄，勤続給，年功給が彼らも一番納得しやすい賃金である。

　問題は管理職の成果給である。成果給といってもいろいろあり，十分な理解がないままに導入されているケースが多い。成果給は役割の達成度に対して支払う賃金であるので，まず役割に見合った目標設定ができるか否かが成果主義賃金定着の課題である。また，理論どおりの可変性豊かな成果給を導入している企業は稀であり，わが国における成果主義賃金導入の主な狙いは緊張感を持って経営に参画する意識改革であり，あくまでも賃金節約ではないことを理解しておけばよい問題である。

2 これからの管理職，専門職，専任職の賃金のあり方

　これからの管理職，専門職，専任職の賃金はジョブ型賃金で，降給あり，可変性ありの成果給に切り替えることがグローバル経済に対応する賃金である。

　組織を引っ張る管理職，専門職には可変性豊かな成果給（日本では役割給といっている）を導入するケースが大手企業で目立っている。ただ，心配なのは能力，役割・成果主義賃金が一人歩きをしていることだ。

　この10年余り，日本の企業はグローバルスタンダードの役割・成果主義賃金を競って導入してきた。仕事で成果をあげれば賃金や昇格（偉さ）で報いる。一方，結果が出なければ賃金も役職も下がる。日本で役割・成果主義賃金を導入する大手企業の狙いは，決して人件費の節約ではない。社員の経営参画とやる気の醸成であり，組織の活性化である。日本の人事管理はもともとプロセス管理で，手段，方法などのプロセスをしっかりと遂行すれば，自ずと結果はついてくるという考えだ。

　そこで，その人の能力や役割に見合った課題目標をチャレンジ気味に与え，プロセスと達成度を評価する。役割・成果給の導入は，自己の職務拡大に自由な裁量権を持つ上級管理職，専門職クラスでないと正しい考課はできない。能力や実力はあるのに自分に裁量権がないと，やりたいチャレンジ業務に挑戦できない場合があるからだ。これでは持てる能力や実力を正しく発揮できないことになる。そこで，裁量権のある管理職は，大きな成果を得るために自ら進んで能力の限界を超えるチャレンジ目標に挑戦をするはずである。

　さて，今，日本の人事は，コロナショックによる経済の大不況，少子化による日本経済の縮小，団塊世代の大量定年による技術の喪失などで揺れ動いている。人材育成のマネジメントに期待をするといった悠長な時間はない。経営が今，管理職，専門職，専任職に求めるのは，「君は何をしたのか」「どんな結果を出したのか」「この組織にどんな利益貢献をしたのか」という成果である。これはすなわち，欧米型仕事基準人事である。

そういう厳しい目で経営が社員の貢献度を見る一方で，仕事と賃金のミスマッチ者が多い。働き手の労働観，価値観も多様になっており，他者よりも少々苦労してでも高い地位と賃金が欲しい人もいれば，食べていける範囲で働き，趣味やスポーツなど自分の生活スタイルが大切であるとする社員も多い。出世やお金は二の次で，あくまでも納得できるライフワークを送りたいという人もいる。このような多様な価値観を持つ人を経営が上手に使っていかなければならないとすると，賃金処遇は1本の賃金体系線だけではなく，働き方や成果に見合った複数の賃金体系線の準備が必要となる。社員は働き方を選択し，その成果の反映として賃金が支払われる。

　そう考えると，役割・成果給はまさに自分が選択した人間尊重の賃金制度であるといえるのである。

2−1　役割・成果主義（日本型成果主義）賃金制度導入の必要性

　グローバル社会の処遇基準は役割・成果主義である。役割・成果主義の問題点は数多く指摘されているが，世界経済に対峙するためには否が応でも共通土俵に立って切磋琢磨しなければ勝負にならない。しかしながら，成果ばかりを追求していると人間は萎縮する。人は必然的に守りに入り，挑戦をしなくなる。役割・成果主義で失敗している企業には，「成果に対する定義が曖昧である」「数値成果を極端に追い求める」「良い成績者と悪い者の格差づけが極端であり緊張感を持たせる」「リストラが主な目的である」など，いくつかの共通点が見られる。

　さて，コロナ禍の中で，仕事スタイルがオンライン業務に大きく変わり，戸惑う管理職も多い。しかし，組織を引っ張る管理職には，変わってもらわなくては困る。管理職が役割を果たせなければ，その組織は生き残れないからである。管理職ポストは処遇ではない。組織とは何か，組織を潰すも活かすも管理職の力量次第というわけだ。役割・成果主義導入の真の目的は，次に示すように管理職を強くするための意識改革でもあり，まず管理職から導入するのが定石である。

●役割と成果に応じた賃金を支払うことにより組織の活性化を図る。

- 業績への貢献と賃金の結びつきを強めることにより経営参画意識を高める。
- 役割・成果主義の人事処遇を強めることにより経営参画意識を高める。

2-2 職能給・役割給・職務給の特色

高齢化社会の対応として多くの企業が取り組んだのが，年功主義から能力主義への転換であった。その動きは1975年頃から始まっている。年功給の曖昧さを払拭するために，能力を処遇の基準として職能給の導入企業が増大した。

しかし，学歴，経験，性別を代理指標とする疑似的能力主義も根強く，賃金の上昇も青天井方式で，形だけの能力主義も持続されていたのである。

(1) 能力基準から仕事基準への転換

職能給の処遇基準は職能資格等級制度である。この制度は能力のランク分けであり，大企業の多くは職務分析・職務評価を実施し基準化を図っている。代表的な職務分析評価には，序列法，分類法，点数法，要素比較法があるが，日本では点数法を採用した企業が多い。

例えば，ある職務の点数化では，職務遂行の困難度を基礎知識，習熟，精神的負荷，身体的負荷，業務責任，指導監督責任など評価項目ごとの基準点に従って計算し，点数の高い順に並べてランク付けを行っている。

これらのランク付けは，賃金に限らず他の人事制度の基本軸にもなるもので，真性能力主義といわれる。しかし，1975年以降に始まった産業構造の変化に職務分析手法は上手くマッチングしなかった。仕事の変化が早いため職務評価のメンテナンスが間に合わず，等級ランクを作文で定義を作り，これを基準として職能給を運用したのである。

したがって，昇格基準は学歴，経験をよりどころに運用をしたため，職能給は年功給と変わりがないものとなってしまった。また，日本は集団主義の人事管理であるため，もともと個の職務管理の視点は弱い。組織としての成果や発展を求めてきたため，個の職務への関心は希薄であったといえる。

しかし，日本でも役割・成果主義の一環として40歳または課長以上には役割給，入社から40歳または係長までには職能給が広がっている。グローバル経済

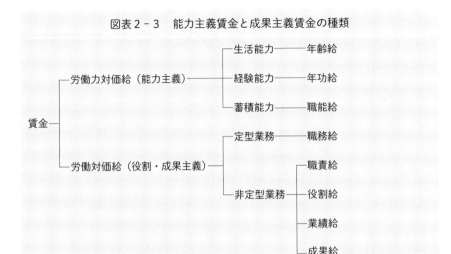

図表 2 - 3　能力主義賃金と成果主義賃金の種類

```
                      ┌─生活能力──────年齢給
        ┌─労働力対価給（能力主義）─┼─経験能力──────年功給
        │             └─蓄積能力──────職能給
賃金─────┤
        │             ┌─定型業務──────職務給
        └─労働対価給（役割・成果主義）┤          ┌─職責給
                      └─非定型業務───┼─役割給
                                 ├─業績給
                                 └─成果給
```

※業績給・成果給は役割給を展開した賃金である。（役割目標の達成度を評価した賃金）

　の進展により，世界基準への転換が必然となってきたためである。役割・成果主義は能力があってこそ成り立つ概念であることから，職業人生の前半は能力主義による職能給，後半は役割・成果主義による成果給を採用する企業が増えている。人材育成論は日本の風土に根ざしたものである。

　能力主義は能力を基準とする賃金体系であり，職務遂行能力の評価，すなわち能力考課が賃金格差の材料となる。役割・成果主義では業績考課が格差を作り，その格差は拡大傾向にある。格差については格差社会として頻繁に問題視されるようになった。格差は問題なのか，どの程度の格差であれば許容されるのか，企業ニーズによる検討が必要である。

　職能給は職務遂行能力，すなわち企業が社員に期待し求める能力を基準とするものである。人材の成長期には，職務遂行能力の成長に応じて職能給を支払う。職能給体系には職能給を支える年齢給がセットされ基本給が構成される。職能給には習熟昇給の定昇が，年齢給には年齢別定昇がある。

　一方，役割・成果主義は仕事を基準とする資金体系であり，仕事の捉え方によって，職務給，職責給，職位給，役割給，業績給，成果給に分類される。これらは仕事基準の賃金であるため，原則として定昇はない。

能力主義人事においては，職位は配置の問題にしか過ぎないが，仕事の内容と成果を基準とする役割・成果主義では，職位によって賃金は違ってくる。職責の重さの職責給か，職責にチャレンジ目標を加えた役割給か，それとも役割や職責の達成度による業績給か。それとも，業績が良くても諸経費がかかり利益がでないため，最終成果（経常利益）で賃金を支払う成果給にするのか。また，これらの達成度評価を月例給に持ち込むのか，それとも年俸として持ち込むのか。最終的にはそれぞれの企業で労使の議論で決めることになる。

(2) 職能給と成果主義賃金の特徴

能力主義賃金である職能給は人間基準の属人的賃金であるので，良い意味での曖昧さがあり，業務の範囲も曖昧である。これに対して成果主義賃金は仕事基準賃金であり，仕事の範囲も明確である。

能力主義人事は長期的な人材育成を基本とするのに対し，役割・成果主義は即人材活用による成果獲得をメインとする。能力主義の賃金である限り，人事異動による役割や職務が変わっても賃金処遇には何ら変化はないが，仕事基準の成果主義賃金では，仕事や役割が変われば賃金は変動する。したがって，安易な人事異動ができない。

一番の問題点は，難易度の高い役割業務の割り当てである。どんなに能力が優れていても，高い役割業務が公平に与えられなければ能力を十分に発揮することはできないため，高い役割が公平に配分されているかどうかの検証や確認が必要となる。

〈検証例〉

- チャレンジ目標（良い仕事）がある特定の人に偏って与えられていないか
- 短期的な業績目標になっていないか
- 失敗を恐れ，チャレンジ目標を低めに設定していないか
- 成果目標の部門間の甘辛がないか
- 管理者自身プレイングマネジャーとして業績達成に追われているため，部下育成を軽視していないか

したがって，役割・成果主義を成功させるためには，いくつかの制度整備を

しておかなければ不満の残る制度になる。そもそも役割・成果主義はチャレンジを促す制度なので，目標面接制度は必須である。面接制度には個別面接，グループ面接，全体面接があるが，成果給の公平,公正性を担保するためには，チャレンジ目標はグループ面接，または企業全体面接で公開することが必要である。面接が適切に行われなければ，役割・成果主義賃金を公平に決めることはできないからである。面接制度は，まさに役割・成果主義賃金の成否を決める鍵を握っているといえる。

2 - 3　職能給か成果主義賃金か，ベストな賃金の選択

　職能給には，キャリア形成の成長を受け止めた習熟昇給という定昇がある。加えて，職能給の土台には年齢給（世帯形成）の定昇がある。能力主義の賃金体系は，能力の成長を受け止める賃金であるからである。能力の成長を評価するのが人事考課であり，人事考課が事実に基づいてしっかりと実施されなければ年功主義賃金と何ら変わらず，退職者がいなければ毎年人件費増大につながり人件費のコントロールが難しい。職能資格等級制度に基づく職能給や年齢給は「労働の価値を時価」で評価をする仕組みではないため，「仕事の成果に見合った処遇」という今日的産業構造の変化やグローバル経済の競争に対応できない。

　また，労働の流動化状況を鑑みると，企業内で平均40％を占める高齢者，パートタイマー，アルバイトを含む非正規社員は時価による処遇が一般的である。今後は非正規社員や中途採用の増加など，労働の流動化に適切に対応できる賃金でなければならない。しかし，正規社員の処遇が勤続年数，年齢，学歴などによる年功主義的賃金では，社員全体の処遇の公平感を維持することは難しい。非正規社員や中途採用者と正規社員との公平性をどうするのか。非正規社員，中途採用者の賃金決定にあたっては，職能給か成果主義賃金のうち，どちらを適用するかである。理屈では，人材が育つ（40歳）までの若手正社員に支払う賃金を職能給と年齢給とするならば，非正規社員にも同じ賃金体系を採用することが望ましいといえる。

　一方，40歳を過ぎたら，または管理者になったら役割等級制度を導入して，

日本型成果主義賃金である職責給，役割給，業績給，成果給，または年俸制に切り替えることが焦眉の急である。

　今，大手企業においての賃金体系選択の主流は役割給である。問題は一般社員に対しても役割給を採用している企業があることである。能力を育成するステップがあってこそ，習熟した知識や技能の活用によって成果を求めることができるのであり，スタート時から役割や成果を求めても結果を得ることは難しい。

　また，役割要件書もジョブサイズの基準もなく，作文による定義で役割等級制度に格付けするなどの企業が目につく。日本型成果主義賃金を形成する重要な要件であるチャレンジ評価の判定が曖昧なため役割給に対する不満も多く，また可変性豊かな業績給・成果給の導入は少ない。

　以上から，先述のように職能給体系は分かりやすい。入学方式と降格基準を導入することでグローバルな仕事基準としても十分に活用が可能である。

２－４　職能給から成果主義賃金への展開の仕方

　40歳になったら能力給構築のベースになる年齢給は止め，年齢給の原資を可変性のある職責給と名称を変更する。40歳という年齢は職業生涯労働の中間点（人生の折り返し点）にあり，成果を期待する年齢である。40歳までは「何ができるか，こんな知識や技術を持っている」の能力給（職能給）でひたすらに能力を伸ばし，多くの仕事を経験して能力の伸びに応じた賃金（基本給＝職能給＋年齢給）を支払うのがよい。しかし，40歳になったらもう１人立ちの年齢でもあり，年齢給は不要である。

　人材が育つまでは能力主義の職能給と年齢給で，人材が育った後は，どんな仕事をやったのか，組織に対してどんな貢献をしたのかの成果主義賃金＝職能給＋職責給に切り替える。職責給には定昇はない。職責給は，職責グレードによって格付けを行う。スタート時は全員，穏やかに職責グレード３（平均）でスタートすればよい。職能給は40歳までの職能給額がそのまま堅持される。一方，職責給は職階別に作成されるが，選択は次のように３種類ある。

- 職責グレードの職責給
- 職責グレードの職責給×チャレンジ目標係数＝役割給
- 職責グレードの職責給×チャレンジ目標係数＝役割給×業績考課＝業績給
  or成果給

　企業は，職責給，役割給，業績給，成果給のうちからどれか1つを選択する。成果主義賃金の金額を決定する重要な要素はチャレンジであるが，会社全体でコンセンサスを取っておかないと不平，不満の種になる。問題は，職責グレード別にグレードに見合った業務目標の設定が適切にできるかである。役割・成果主義賃金制度の成功の鍵はまさにこの点にある。

　ここでは，成果主義賃金の中でも一番ノーマルな職能給に役割給をセットし基本給を構成する。人材が育った後の40歳以降，または管理職になったら自己責任の可変性のある役割給，業績給，成果給または年俸制のいずれかの役割・成果主義賃金を選択することが時代のニーズである。どの賃金を選択するかは組織のニーズにもよるが，成果主義賃金の導入によって中高年層の実力を引き出すことができるし，また労使双方にとって負担のない労働対価給とすることができる。

　役割給の高い低いはチャレンジ目標の大小によって決まるが，チャレンジがなければ職責給がそのまま役割給となり，職責の達成度評価が良くても現状維持の賃金となる。

　一方，上級管理者には年俸制を導入する企業が目立って多いが，年俸制は原則として1年契約ごとの目標達成度によって可変する賃金であり，過去の賃金とは関係なく今日の成果を業績給または成果給で支払うのが原則である。既得権を否定したプロの賃金といえよう。1年ごと，または半期ごとに業績成果を半期年俸，1年年俸で清算払いする。わが国では業績年俸を支える下支えの年俸があり，これを基本年俸という。

　年俸制の公式は次のとおりである。

年俸制＝（基本年俸＋業績年俸）

基本年俸＝基準賃金 ｛職能給＋諸手当（家族手当＋管理職手当など）＋

　　　　　　　　　　＋職責給｝×12ヵ月

業績年俸＝基準賃金 ｛職能給＋諸手当（家族手当＋管理職手当など）

　　　　　　　　　　＋業績給or成果給｝×Xヵ月×業績考課

　すなわち，年俸で大きくアップダウンするのは業績年俸部分で，賞与部分に当たる年俸である。日本型年俸は，この2つの年俸で構成され計算し支給される穏やかな年俸であることに特徴がある。

3 / 賃金の構造と決め方

3－1　生計費から見た賃金決定のあり方

　賃金は，公正さと公平さ，そして適正さの3つの要件を満たしていることが大切であり，労使で定期的な賃金水準の分析，検討が必要である。賃金の公正さ，公平さ，適正さとは，実際に何をどう分析，検討すればよいのだろうか，その留意点を挙げれば次のとおりである。

(1)　自社の賃金水準の確認

　まず，賃金の「公正さ」を確認する第1ステップは，ポイント賃金をおさえることが大切である。ポイント賃金は基幹賃率ともいうが，次の6つの基幹年齢の賃金を見れば，おおよそ自社の賃金水準は同業他社に見劣りしないか否かを確認することができる。

　6つの基幹年齢は，①18歳または22歳（初任給），②25歳（第一習熟，単身者），③30歳（第二習熟，世帯者，指導職位），④35歳（完全習熟，世帯者，管理補佐職位），⑤40歳（管理職位），⑥48歳（上位管理職位，生計費のピーク点）である。

(2)　プロット図の作成と診断

　賃金を正しく決めていくためには，実態把握に必要なプロット図の作成が必要である。個人別賃金のプロット図を作って賃金の散らばりを見る。賃金プロット図は横軸に年齢をとり縦軸に賃金額を置き，該当する位置に全社員の賃金（個人別賃金）をプロットする。プロット図は性別，職種別，役職別，非役職別に記号または色別にして区分がつくようにする。賃金プロット図は「所定内賃金」で1枚，「基本給」で1枚，月例賃金のほかに賞与の何ヵ月分かを加えた「年収」で1枚の合計3枚が必要である。

① 所定内賃金プロット図

「所定内賃金プロット図」は賃金水準の分析用である。賃金の高さやバラツキ（１人ひとりの賃金）を検討するときに必要である。「所定内賃金」とは，「基本的賃金」と「付加的賃金」（諸手当）で構成する。「基本的賃金」とは全社員を対象とする賃金であり，「付加的賃金」とは特定の受給条件を満たす該当者に対して支給する手当などの賃金である。しかし，月によって変動する一過性の手当（残業手当と通勤手当）などは含めないほうが適切である。

② 基本給プロット図

「基本給プロット図」は賃金体系の分析用として作成する。すなわち，賃金カーブの傾きやゆがみなどの「個別賃金」を検討するとき，基本給の高さはどうなっているかを検証するために必要である。

③ 年収プロット図

「年収プロット図」は「月例賃金」と賞与，すなわち「臨時給与」の２つを加えた年収ベースの賃金水準を確認分析するために必要である。「月例賃金」

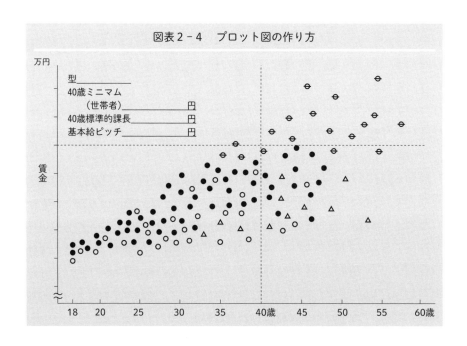

図表２-４　プロット図の作り方

がいかに高くても、「月例賃金」だけで賃金が高いとか低いとかはいえない。賃金水準の最終確認は年収ベースで行うのが基本である。

以上のプロット図に、同業他社、同地域他社、一般公表資料の準拠指標を書き込み、比較、分析、検討を行う。指標の中でも、生計費に関するデータとして人事院および都道府県の人事委員会が毎年発表する「標準生計費」「最低生計費」などは、一般企業の利用度が高く信頼性のある公表資料の１つである。特に30〜35歳の賃金分布状況が「最低生計費」に対してどのような位置づけになっているかを確認することは、賃金の見直し、改善にとって重要なポイントである。

もし、この年代で「最低生計費」を下回っている者がいれば、「中だるみ」現象があると認定する。このときには、賞与源費やベアによる調整配分源費を用意して、早急に「中だるみ」是正を行うことが必要である。次に生計費についてもう少し詳しく見てみよう。

(3) 生計費による賃金水準分析

賃金は労働者にとっては生計費である。生計費とは生活に必要な費用であり、世帯規模と物価と生活水準の３つによって算定される。したがって、物価や生活水準が変わらなくても、世帯規模が変われば生計費は変化する。つまり生計費の時系列変化を捉えるためには、世帯規模の変化を除かなければ把握できないということになる。

さて、生計費には実態生計費と理論生計費の２つがある。実態生計費は各世帯が実際の生活で支出した生計費で、通常は家計調査等で把握される。わが国では総務庁統計局の「家計調査」、同「全国消費実態調査」（５年ごと）がある。一方、理論生計費は一定の生活模型（モデル）を設定し、それに要する生計費を理論的に算出している。

実態生計費は現実の支出を表す数値として有効であるが、現実の所得のゆがみが反映されているので、賃金を理論的に検討するベースとしては必ずしも十分な資料とはいえない。そこで理論生計費の活用ということになるが、理論生計費はどのような生活を営むかを、その時点での価格を乗じ政策的に算定する

ので，それをベースにして現実の賃金と比較しても結論を引き出すことが難しい場合があることを理解しておくことが必要である。理論生計費は，一般的に人事院の「標準生計費」や各都道府県の人事委員会の「標準生計費」がよく利用されている。

　人事院の標準生計費は世帯人員別に出ているが，これを賃金と比較する場合には，賃金は一般に年齢別に把握されるので，世帯人員別数値を年齢別数値に置き換えることが必要である。それは通常，ライフサイクルの設定という形で行われる。ライフサイクルを例示すれば，29 歳で結婚し，31歳で第１子，34歳で第２子が生まれ，標準世帯の４人家族になる。

　このように，家族の移動，子女学歴移動，職場での資格等級，役職移動などを踏まえたライフサイクルを設定し，世帯人員別生計費を年齢別生計費に置き換えることによって生計費の概算をつかむことができる。留意点は，人事院の標準生計費が捉えている支出は，毎年４月の家計調査における「消費支出」である。実際の家計はこうした生活費以外に，所得税などの税金，社会保険料などの費用負担，消費支出のほか，住宅ローン返済や預貯金などで構成されている。

　一方，賃金水準を検討する場合は，手取り額ではなく，税，社会保険料を控除する前の名目額で把握するのが一般的である。そこで，生計費と賃金水準を比較検討する場合は，少なくとも税，社会保険料などの非消費支出の部分を加味して見る必要がある。こうした生計費の修正を通常「負担費修正」と呼んでいる。負担費修正は家計調査の消費支出に対する非消費支出の比率を用いて行う。最も新しい2020年度の家計調査〔全国２人以上の世帯のうち勤労者世帯，農林漁家世帯を含む〕によると，①非消費支出：110,714円，②消費支出：304,508円で，この数値を用いて負担費割合を計算すると「110,714÷304,508＝0.364」となる。人事院の標準生計費にこの負担費割合（1.364）を乗じたものが「負担費修正後の標準生計費」となる。

　さて，生計費には通常次のようなレベルがあるが，生計費から賃金水準を分析するためには，諸手当込みの所定内賃金（ただし，通勤交通費は除く）プロット図に，以下の生計費を書き込んでいく（図表２-５）。

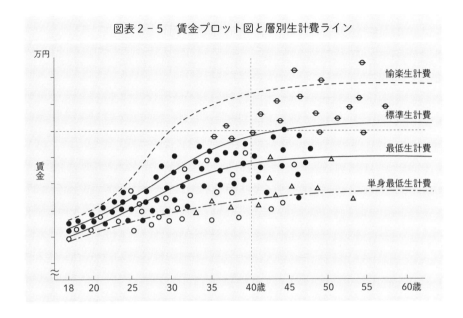

図表2-5　賃金プロット図と層別生計費ライン

万円

愉楽生計費

標準生計費

最低生計費

賃金

単身最低生計費

18　20　　25　　30　　35　　40歳　45　　50　　55　　60歳

- 最低生計費（Minimum of Health and Decency Level）
- 標準生計費（Normal Level）
- 愉楽生計費（Health and Decency Level）
- 単身最低生計費（Minimum of Health and Decency Level for a single（person）household）

　最低生計費とは，健康にして文化的な生活を営むためのミニマムレベルの賃金水準を表している。標準生計費とは，さらにそれを上回るものとなり，健康と体裁に選択の余裕が十分にあるレベルの賃金水準である。愉楽生計費とは，かなりゆとりがある生計費レベルで，通常管理職の賃金はこの線に上下している。賃金と生計費を論ずる場合，そのレベルは最低生計費（最低健康体裁水準）か標準生計費（正常健康体裁水準）ということになる。

　上記のほかに，最低生存費（Minimum of Subsistence Level）があるが，この最低生存費は，人間として生きていくためのデッドラインの賃金水準であるといえる。したがって，賃金ラインを検討する材料にはなり得ない水準を表しているため，プロット図への書き込みは行わない。

図表 2 - 6　全国の費目別・世帯人員別標準生計費（2021年 4 月）

（単位：円）

世帯人員 費目	1 人	2 人	3 人	4 人	5 人
食 料 費	30,060	48,180	56,270	64,360	72,460
住 居 関 係 費	44,700	54,430	46,870	39,310	31,750
被服・履物費	5,160	5,800	7,270	8,740	10,200
雑 費 Ⅰ	23,600	50,950	63,150	75,350	87,570
雑 費 Ⅱ	11,200	32,990	32,260	31,540	30,810
計	114,720	192,350	205,820	219,300	232,790
参考2020年 4 月	110,610	153,040	176,230	199,420	222,640
増減差	4,110	39,310	29,590	19,880	10,150

出所：「賃金事情」2021年 9 月20日号，18ページ。

　なお，人事院では標準生計費だけを算出している。他の生計費は日本賃金セ
ンターの想定で算出したものである。生計費から賃金水準を分析するポイント
を挙げれば次のとおりである。

- ●世帯者の賃金分布が標準生計費ラインに達しているか。
- ●世帯者は少なくとも最低生計費ラインをクリアしているか。
- ●管理職の賃金分布は愉楽生計費ライン（ゆとりある生活）の上下に位置し
  ているか。
- ●30から35歳の働き盛りで最低生計費ラインを下回る中だるみ現象はないか。
- ●単身者で単身最低生計費ラインを下回る人はいないか。

　以上が生計費による比較分析の方法であるが，留意点は，これらの生計費に
は賞与（生活固定部分）が包括されている点である。

　したがって，この賞与部分を層別生計費×95％で除し，この修正生計費で自
社の個人別賃金（所定内賃金）を比較検討するようにする。それでも，この修
正最低生計費を下回る者がいる場合は，自社の賃金水準の改善が必要である。

図表 2 - 7　標準生計費の負担費修正と各種生計費の推定（全国）

(単位：円)

	1人世帯 （18歳）	2人世帯 （28歳） ＊26歳	3人世帯 （32歳） ＊30歳	4人世帯 （36歳） ＊35歳	5人世帯 40歳
人事院標準生計費〔A〕 （2021年4月）	114,720	192,350	205,820	219,300	232,790
負担費修正生計費（B） （A×1.364） 【参考】 2020年4月の負担費修 正生計費	156,478 148,439	262,366 205,380	280,739 236,501	299,125 267,622	317,526 298,783
増減差	8,039	56,986	44,238	31,503	18,743
愉楽生計費	187,774 （B×1.20）	354,194 （B×1.35）	390,227 （B×1.39）	442,705 （B×1.48）	476,289 （B×1.50）
最低生計費	125,182 （B×0.80）	209,893 （B×0.80）	224,591 （B×0.80）	239,300 （B×0.80）	254,021 （B×0.80）
単身最低生計費	125,182 （B×0.80）	178,409 （B×0.68）	182,480 （B×0.65）	185,458 （B×0.62）	19,051 （B×0.60）
最低生存費	117,359 （B×0.75）	157,420 （B×0.60）	154,406 （B×0.55）	155,545 （B×0.52）	158,763 （B×0.50）

(注)　愉楽生計費，最低生計費，単身最低生計費，最低生存費の各修正係数は日本賃金研究センター
　　　の想定で算出したもの。世帯区分の（　）内の年齢は人事院による推定。
　　＊印は日本賃金センターで用いているもの（【参考】2020年の負担費修正は非消費支出：110,896円，
　　　消費支出：305,811円で負担費割合は36.3％となる）。
出所：「賃金事情」2021年9月20日号，19ページ。

3 - 2　生計費論の必要性

　賃金水準を考える場合の準拠生計費を「基準生計費」と呼んでいる。生計費
は労働の再生産費用としての性格を持つことから，それは最低生計費を示して
いる。そこで問題になるのは基準生計費の水準，つまりその生計費が可能とす
る生活水準が一体どのような生活レベルであるのかである。すなわち，最低生
計費とはどんな人にも確保されるべき生計費水準で，これ以下はあってはなら
ないという最低保障賃金を担保する賃金である。これに対し標準生計費がある

が，これは並数レベルの賃金（大多数の社員が昇格昇給していく賃金水準）を示している。能力主義賃金（職能給）体系設計時には最低賃金は生活給（年齢給と家族手当）の基準となり，また標準生計費は生活給と職能給で基本給を構成する基準となる。

　なお，生計費の額はシングルインカムの額を示している。

　生計費は以上のように賃金決定の重要な基準だが，中小企業における賃金水準の検討において生計費を論じる企業は少ない。各社が重要視しているのは，地域における同業競合他社の賃金水準（モデル賃金）である。さらに，モデル賃金の入手が困難なため，ネットでハローワークの採用情報から初任給〜上限賃金を拾い，年齢別賃金の見当をつけ対応しているのが実態である。

　人材の確保と定着，活用による企業の発展のためには，ライフサイクルを考慮した賃金ビジョンを早急に構築し，モデル賃金を作成することが焦眉の急である。人事賃金専門職の育成が急がれる。

3 - 3　賃金決定要因

　賃金の決定要因は3つある。生計費，生産性，そして労働市場における労働力の需給事情である。通常，労使による賃金交渉においては，生計費は労働者が要求する賃金の下限を示す。一方，生産性は経営者が示す上限である。賃金や毎年の昇給はこのゾーンの中で決着するのが正常な賃金交渉といえる。労働力の需給状況は調整要因であり，経済，労働環境によって±aの賃金となる。経営は，生産性を人件費率，労働分配率，目標要員数で算定し，安定経営のチェック指標とする。トップを補佐する人件費管理の専門家の育成は，経営安泰のためにも急がなければならない。

　　人件費率＝人件費/売上高×100＝55％（目安）
　　労働分配率＝人件費/付加価値×100＝65％（目安）
　　目標要員数＝目標付加価値×労働分配率/1人当たり人件費平均額
　　　※付加価値には控除法と加算法の2つがある（6−1で詳述）。

3－4　基本給の組み立て方

　基本給の組み立て方の基本は，「生活保障の原則」と「労働対価の原則」の2つで構成される。前者は生計費，後者は仕事と能力であり，これらを賃金の決定基準として世帯形成，キャリア形成のピッチ（1年当りの昇給額）を算定する。賃金でいう世帯形成は生計費であり，ある一定年齢（40歳まで，または管理職になったら年齢に関係なく年齢給を止める）までは加齢によって生活定昇を積み上げる。年齢別に設定した1年当たりの年齢別昇給額を誰にでも同じ額を積み上げていく賃金を年齢給という。

　また，キャリア形成とは職務・役割遂行能力であり，これらの能力を具現化するために職務調査を行い，課業・役割業務を洗い出し，職務や役割遂行能力を明確にしておくことが必要であり，この能力を評価した賃金を職能給という。なお，能力の成長（習熟能力）を評価した賃金を定昇（習熟昇給）といっている。

　次に，生計費のピーク年齢を押さえて年齢別に年齢給と職能給のピッチの配分計算を行う。

　大切なのは年齢給と職能給の金額的高さの割合である。基幹年齢別（18歳または22歳‥初任給，25歳‥第一習熟，単身者，30歳‥第二習熟，世帯主，指導職位，35歳‥完全習熟，世帯主，管理補佐職位，40歳‥管理職位，48歳‥上位管理職位，生計費ピーク点）に賃金の整合性をチェックしながらモデル基本給（年齢給表と職能給表）を算定する。

　こうして自社の賃金カーブが作成される。賃金は，この賃金カーブと生計費を勘案しながら決定していくことになる。

(1)　生活を保障する係長以下の賃金

　職能給は年齢給をベースに基本給を構成し，定昇制のある賃金となる。この職能給と年齢給の基本給体系は係長以下，一般職員（40歳まで）に適用する賃金であり，職能給の特徴は賃金を上げるか止めるか，2つに1つの選択肢しかない。職能給は賃金を下げるベクトルを持たないため，能力が陳腐化しても賃

金を下げることができないことに多くの批判がある。

　この職能給適用クラスは，職能給の土台である生計費が拡大していく世代であるので，人事院の最低生計費をにらみながら，自社の最低保証賃金をいくらにするかを検討することになる。したがって，必然的に年齢給の上限額が決まる。何歳で，いくらを最低保障とするのかというように，年齢別生計費カーブを検証し，年齢給の上限額を算定する。

　また，この年齢給の上限を上回る賃金は職能給部分の原資となる。職能給は習熟昇給と昇格昇給によって構成され，生活体系（生計費＝年齢給）の上に乗り，一定の広がりを持って能力によって展開される。

　これからのあるべき賃金体系再編成の方向は，従来の画一的な年功的賃金（初任給に毎年の昇給を積み上げる賃金）からライフサイクル別に，世帯形成とキャリア形成に分け理論的に説明できる賃金体系に切り換えることが必要である。基本給は，完全習熟年齢といわれる40歳までは定昇制度を持つ賃金であることが必要である。

　41歳以上者，または管理職に昇進したら，年齢給定昇および職能給の習熟昇給の定昇をストップして年齢給の原資は定昇のない職責給に名称変更を行い，また職能給の習熟昇給の定昇は昇格昇給に上乗せし職能給の定昇もストップする。職能給のストップした定昇分は，昇格時の昇格昇給（臨時昇給）に充て，賃金が上がる役割・成果給的な性格を有する賃金に転換をするようにする。

　基本給体系は職責給と職能給の2つで構成することになる。

　すなわち，41歳以降または管理職の賃金は，仕事基準賃金に切り換えることがグローバル経済競争に打ち勝つ唯一の方策でもある。

(2) 管理者の賃金

　管理者や専門職，専任職に昇進したらその時点で定昇（年齢別定昇および職能給の習熟昇給の定昇）はストップする。職能給は昇進時に保有している額をそのまま凍結，年齢給も同様の取り扱いとし，保有している年齢給は，直近上位の職責給にスイッチし，職責給と名称変更を行う。新たな名称に変更した職責給は，毎年の職責評価によって可変性のある賃金とする。

職能給については明確な職能の低下がない限り原則として現給を保証するが，職能の陳腐化が明らかになった場合は例外として降格，降給ありの賃金とする。したがって，職能給の定昇（習熟昇給）は係長クラスまでで，若くても課長以上の管理者になったら定昇はない。管理者の昇給は上位資格等級に昇格したときに発生する職能給の昇格昇給と上位職責給のグレードに昇格する職責グレードアップ昇給の２つがある。

　役職離脱時のミドル層の基本給は，職能給プラス職責給または役割給で構成する。役割給とは権限と責任に応じた賃金で，ある一定の役職またはある一定の資格以上の者を対象にした職務給的性格を持つ賃金である。なぜ職務給といわないのかの理由は，できる管理者は与えられた職責の権限と責任の範囲において柔軟に職務拡大にチャレンジするのが日本流であり，人により職務範囲は異なったものとなるからである。

　組織貢献，利益貢献，チャレンジなどの役割業務を遂行することを期待し支払う賃金を役割給，達成度を評価して支払う賃金を業績給，経常利益など最終成果に対して支払う成果給，６ヵ月または１年単位の成果目標の達成度に対して支払う賃金を半期年俸制または年俸制といっている。

　管理者クラスの基本給体系の設計ポイントは，定昇のない職能給に役割給をプラスして基本給を構成する。基本給および年俸制の仕組みは次のとおりで，どのタイプを選択するかは企業ニーズで決める問題である。

　　職能給＋職責給
　　職能給＋役割給（職責給×チャレンジ目標係数）
　　職能給＋業績給（職責給×チャレンジ目標係数×業績考課）
　　成果給　｛（職能給＋職責給）×チャレンジ目標係数×業績考課)｝
　　年俸＝基本年俸（職能給＋職責給）×12ヵ月＋業績年俸（職能給＋諸手当
　　　　　＋役割給or業績給or成果給）×Xヵ月×業績考課

⑶　専任職，専門職の賃金

　管理職クラスの役割の違いは，３つのタイプに分けられる。部下掌握育成，部門統括をメインとする管理職（manager），また腕一本といわれる深い経験

と業務知識および技能を駆使して今日の仕事を推進する業務推進の名手である専任職（expert），そして極めて高度な研究開発に創造性を発揮して研究，企画開発に取り組む企画開発の名手といわれる専門職（specialist）である。専任職，専門職の2つは仕事昇進の管理職である。

　これらの役割の違いを賃金にどう結びつけるかである。一般的に部下を持つ管理職は，自己の担当業務目標の達成度だけではなく，部下を掌握，育成して組織目標を達成しなければならない権限と責任を持つ。しかし，専任職，専門職は単独で深い経験や業務知識，または高度な専門知識や研究開発力，技術力を駆使して特定分野業務に従事する一匹狼的存在といえる。

　従来，専任職，専門職は，組織の必要性というよりも社員の処遇的な意味合いが強く，二番煎じ的な処遇であったといえる。これからの専任職，専門職は，従来のような処遇職ではなく，部下を持つ管理職との役割と働きの違いに対して「努力が報われた」「成果を正しく評価してもらっている」という満足感と納得感が得られる仕組みを作ることが大切である。そのポイントは次のとおり3案ある。役割の重さに大小があるとすれば，管理職，専任職，専門職ごとにそれぞれ賃金差がある3本に分けた役割給を作る必要がある。

- ●賃金の構成は職能給＋職責給とする。
- ●各職群の違いは職責給で格差をつけて対処する。
- ●役割給を構成する職能給は，各職群共通の賃金体系として1本で作成する。

　管理職，専任職，専門職が相互乗り入れをスムーズにするために役割給（基本給部分）は同一とし，できるだけ共通部分を多くし，違いは役職手当で対応する。

　役職手当はモデル基本給の一定割合（定率）で計算する。部下を持つ管理職には，部下との交際費，残業見合部分，その他，若干の職責料が含まれているのでトータルで15％，監督者（係長クラス）は残業代が支給され交際範囲も狭いので5％程度，専任職は原則として部下はいないので残業見合い部分で10％程度，専門職は職責への期待含みで管理職と同じ15％，または政策的に20％程度といったところが目安で，企業ニーズで決めればよい。これはあくまでも企業内での公平感で決める問題である。実際の手当額の算定は，モデル年齢（例

えば，課長クラスは38歳，部長は43歳などの点を決める）の基本給に，それぞれの役職群別の定率を乗じて手当額を計算するのが理論である。

さて，役割による賃金の違いを述べたが，基本給の設定は，次の３つのタイプがある。その１つは職能給と役割給，その２は職能給と業績給，その３は職能給と成果給年俸である。年俸計算の基本給（基準賃金という）は，職能給（役割給or業績給，成果給）＋管理職手当＋家族手当で構成する。年俸は役割・成果主義賃金であり，手当の概念がないことが留意点であるため，基準賃金の中に合算する。手当はすべて基準賃金として包含してしまう。管理職クラスの役割の違いによる賃金格差は，各企業のニーズや人材活用政策によって異なることになる。

⑷　シニア社員の賃金

年功主義時代（1960〜1975年）の恩恵を受けたシニア社員の賃金体系は，年齢別生計費カーブに準拠した生活給体系で加齢によって賃金が上昇する仕組みであった。若年層，中でも30歳前後の能力の伸び盛りの時期の賃金が一般的に低く抑えられており，こうした若年層の賃金の低さの理由は，技能・習熟カー

図表 2 - 8　賃金と技能の相関図

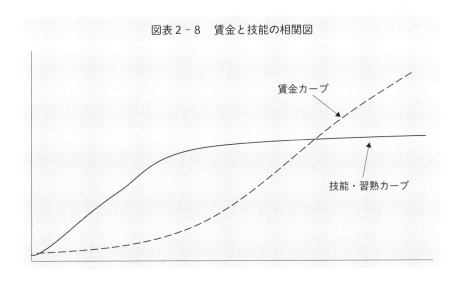

賃金カーブ

技能・習熟カーブ

ブに準拠した賃金体系にあり，したがって，賃金カーブと技能・習熟カーブは相対的な関係であった。

このカーブから分かることは，技能・習熟がある一定の水準に到達しないうちは賃金を抑えられていることである。この30歳前後の低賃金は，中だるみ現象として各企業に見られる現象である。

年功主義賃金の特徴を見ると，職位が違えばそれなりに大きな格差が生じることが分かる。年功主義のことを別名で年功職階制度ともいうのは，同職位，同年配者の賃金格差はあまりないが，職階が１つ異なると大きな賃金格差が生じるのが年功賃金の特徴でもある。年功主義賃金の主なファクターは仕事や能力ではなく，学歴や勤続年数，年齢である。現在でも賃金体系を持たない企業の多くは，年齢や勤続年数が賃金決定の主な基準になっている。

もう１つの特徴は，世間相場が賃金決定に大きな影響力を持つことである。賃金決定は自社の支払い能力や世間水準による影響を受けるが，さらには労働力の需給関係にも大きな影響を受ける。とりわけ，人手不足の現在，シニア社員の賃金も例外ではない。産労働総合研究所における高齢者賃金の実態調査資料では，賃金決定の見直し年齢は平均51.2歳である。51.2歳以降，延長型で賃金が上昇していく企業はわずか22.8％に過ぎない。その他は賃金上昇打ち止め，減額型が大勢を占める。合理的理由がなければ賃金を画一的に下げることはできないが，近年，加齢とともに賃金を減額する企業が一般的である。ここに労使紛争の種が潜んでいる。

高齢者の働く能力を考えるとき，職務遂行能力や体力，意欲は人により異なる。したがって，働く側，経営側の両者に負担のない賃金は日本型成果主義賃金である。職責給，役割給，業績給，成果給または業績年俸などの中から，企業ニーズに合った賃金を選択することである。なかでも後期シニア社員（65〜75歳）の賃金は，年金を組み合わせた業績給（職責給×チャレンジ目標×業績考課）がよい。業績給のベースになる職責給については，生涯労働を考慮した賃金カーブをライフサイクルに沿って描いておく必要がある。そのうえで可変性の幅をどの程度にするかを考えておくことが必要である。

また，ベアについては必要層に絞って実施する政策も必要であろう。

以上，賃金カーブと生計費をもとにした賃金決定について述べてきたが，実際は基本給をできるだけ抑えたいと考えている企業が多い。

　基本給を低く抑えるメリットは，賞与，退職金にかかる資金を抑えられることである。賃金が高いか安いかの判断は，まず年収ベースで検証する。月例賃金がどんなに高くても賞与が少額であれば，決して良い賃金とはいえない。また，年収ベースでは大手企業に負けない額であっても，退職金を含めた生涯総額賃金では見劣りした賃金となる場合もある。これら賞与，退職金計算の基礎になる賃金は基本給であるためである。最近，ジョブ型賃金の普及によって，賃金と切り離したポイント制賞与，定額賞与，職能ポイントによる退職金の普及が進んではいるが，まだ大半の企業は基本給をベースに賞与額，退職金額を算定している。生活の安定性からも基本給額は大切であり，生計費論に基づく基本給額の算定は重要である。残念ながら，最低生計費など，生計費論を理解して基本給ベースを考慮したり，設計している中小企業は極めて少数である。

3－5　役割給とは役割の違いを受けた賃金

　役割給とは役割の違いによる賃金であるが，実際は役割目標が作れない企業が多く，役割給が本来の機能を発揮していないのが現状である。したがって，部下を持つ管理職の賃金，深い実務経験と実績を持つ専任職，極めて高度な専門知識を駆使して企画開発業務に従事する専門職の賃金というように，職群ごとに3本の賃金表を作成し対応している企業が多い。賃金の高さからいえば，管理職と専門職が同額または専門職の賃金が若干高い企業もある。

　役割グレードの高さからいえば依然として第一は管理職であり，専門職は例外として，専任職は二番煎じの処遇職扱いであり複線型人材活用の機能を果たしていない。管理職定年時や管理職降職者を専任職に移行するなどの受け皿として専任職制度を活用している企業が目につくが，このようなやり方だと専任職は落ちこぼれ者，または隠居者のイメージが強く，モチベーションの低下は避けられない。さりとて，定年後や降職後も管理職に登用することは，組織に沈滞ムードを招く。本音をいえば，人材不足の中小企業においてはまず管理職者の充実が先で，管理職定年を迎えた実力のある者は，管理職を支える「部付

課長」「部付部長」とし，管理職には次世代の社員を登用して若返りと新陳代謝を行うようにしたい。

3－6　望ましい賃金体系

このように，これからの生涯ベースでの賃金体系は，人生の前半は中ふくらみの凸型カーブ，定昇制度のある成長賃金である①職能給と年齢給，②職種給と年齢給，40歳の中年時期は部分的に可変性のある①職能給と職責給，②職種給と職責給，55歳以降の後半は可変性自由な業績給，成果給，年俸制などの成熟賃金として設計することが望ましい賃金であるが，役割・成果主義賃金の種類にもいろいろある。

各企業の賃金の実態を分析してみると，主としてホワイトカラーや男性を対象に設計されており，現場労働者の賃金は横ばいカーブ，女性労働者は年齢とともに下降線カーブを描いている。しかし，これらの凹型カーブは特に次の2点に問題がある。先にも述べたように1つは賃金の中だるみである。ヤング層の後半（30歳）からミドル層（35歳前後）の前半にかけての賃金が，仕事や能力，生計費から見てバランスを失った状況にあることは，世帯形成意欲を喪失させる結果にもつながっている。これは，働く意欲や人材活用および企業活性化の面からも大きな問題があるといえる。

一方で，ハイエイジ層（45歳）以上の賃金が仕事や能力の発揮よりも高いレベルにあり，職能給では経営は成り立たないという問題がある。確かに，職能

図表2－9　これからの年代別賃金設計の考え方

型	種　別	項　目	ライフステージ				
			20歳～	30歳～	40歳～	50歳～	60歳～
日本モデル	インプット（労働力）	生活主義（年齢給）	◎	○	－	－	－
		能力主義（職能給）	○	◎	◎	○	
アメリカモデル	アウトプット（労　働）	成果主義（役割給）	－	－	○	◎	◎

◎印は最重要必要項目，○印は必要項目　　　　　　　　　　　　　年俸制

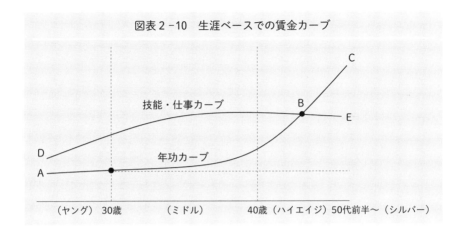

図表2-10　生涯ベースでの賃金カーブ

技能・仕事カーブ

年功カーブ

C

B

E

D

A

（ヤング）　30歳　　　　（ミドル）　　　　40歳（ハイエイジ）50代前半〜（シルバー）

給はいったん昇給した賃金を下げる機能を持たない。どんなに知識や技術が豊富であっても成果に結びつけることができない人がいる。巷では50歳〜55歳でいったん賃金水準を落とし，そこから60歳まで緩やかな凸型昇給カーブ描き，60歳到達時に嘱託別体系の賃金制度に切り替えて，雇用義務を65歳まで維持している企業が多い。

　しかし，このような付け焼き刃的な対応では能力の発揮やモラル管理また人件費管理の視点からも問題が多い。すなわち，賃金体系を生涯ベースで考えるとき，生計費の伸びと仕事や技術，技能の修得・習熟能力の成長，能力の発揮時期によって賃金のあり方も違ってくる。したがって，遅くても45歳になったら，また若くても管理職になったらジョブ型賃金に変えなければならない。

　一方，18歳から40歳までの賃金は，これからの人生を設計していかなければならない一番大切な世帯形成，キャリア形成の成長期にあたる。賃金は安定的な年齢給をベースに置き，その上に職能給（昇格昇給＋習熟昇給）を乗せ，基本給は職能給と年齢給で構成するのが理想の賃金である。若年層から役割・成果主義賃金体系を導入している企業を見かけるが，知識や技術を身につけまず仕事に慣れるのが先であり，はじめから成果を求めるのは酷な話である。

　また，職種限定のホワイトカラーの賃金は，人間基準賃金と仕事基準賃金をミックスにした職種給の適用がよい。人間基準賃金は職能給をベースにした賃

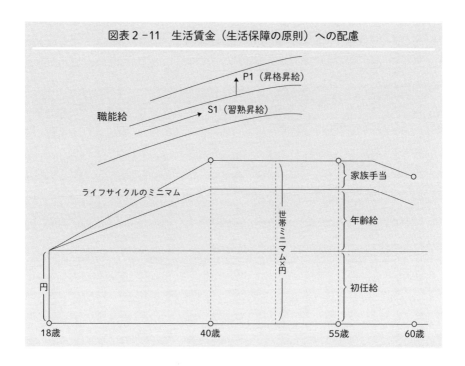

図表 2 −11　生活賃金（生活保障の原則）への配慮

金であり，定昇がある。一方の仕事基準賃金は職責給をベースにしており，職責のグレードアップがあったときに昇格昇給が発生する。昇格昇給は定期的には発生しないので，この昇格昇給のことを臨時昇給といっている。

　一方，社会的相場に強い影響を受ける労務職群を一般的にブルーカラーといっている。これらの労務職（介護士，運転手，栄養士，調理師，営繕など）の賃金は社会的相場がおおよそ決まっている。すなわち，職務の価値で決まる賃金で，これを職務給という。職務給は本来，昇給がないのが原則であるが，ホワイトカラー職との調和や一体感を考慮して若干の昇給見合い昇給を実施するのがよい。昇給見合いの昇給額は，社内ニーズをよく考えて，上に向かって滑らかに丘カーブを描くような昇給額を策定する。

　そして，職能，職務に関係なく，いずれも40歳の完全習熟年齢の到達時をもって定昇，経験昇給は完全にストップし，可変性豊かな日本型成果主義賃金に転換する。これがこれからの賃金のあり方だが，実際は昇給は止めるにして

も，成果がないからといって賃金を下げることは現実的にはなかなか難しい。特にブルーカラー職については，需要と供給の関係から，悪くても現状維持にすることが政策賃金である。

4 / 半日でできる賃金表の作り方

　中小企業の多くは，未だに賃金表を持たない企業も多数である。賃金表は労使にとって労使交渉の原点でもある。賃金表を作成するためには賃金の専門知識が必要であるが，それらの煩雑な学習を省略し，簡便法で自社の賃金表の作成を考えてみる。

　賃金算定の原則は，労働対価の原則と生活保障の原則の2つによる。また，初任給の算定にあたっては外部労働市場と内部労働市場による労働または労働力の需要と供給にも大きな影響を受ける。自社の賃金水準は自社の支払い能力で決まる。職種別，等級別に人事院の標準生計費や同地域同業競合他社の賃金水準また最低賃金を確認しながら自社の賃金水準カーブを描くことになるが，最終的にはトップが決断しモデル賃金[3]をハンドで描いていく。

　ハンドで描いた賃金カーブの基幹年齢[4]の賃金額の散らばりを賃金プロット図（所定内賃金，基本給，年収）で確認する。この賃金カーブ水準は同業他社，同地域競合他社および一般公開賃金データと比較し，人材採用の市場において訴求力があるか否かの分析を行うことが大切である。見劣りする場合は，自社の基幹年齢別賃金の修正をしなければならない。原資がなければ，賞与の原資を削ってでも世間ベース以上の賃金カーブに修正しなければ人材確保に負ける。すなわち，自社の60歳または65歳のモデル賃金線を政策的にハンドで描いていく。ハンドで描いたモデル賃金線に従い年齢別にその賃金額を読み取り金額を

3　モデル賃金とは標準や平均や中位数，並数（一番多い分布帯）ではない。普通の状態で昇格昇進した賃金ではなく，むしろエリート社員（第2選抜社員）がたどる賃金カーブである（第1選抜は抜擢人事）。モデル賃金は第3四分位の賃金ベースであるので，多くの社員はそれよりも低い水準に分布している。

4　基幹年齢とは次の年齢をいう。①18歳または22歳（初任給）②25歳（第一習熟，単身者）③30歳（第二習熟，世帯主，指導職位）④35歳（完全習熟，世帯主，管理補佐職位）⑤40歳（管理職位）⑥48歳（上位管理職位，生計費ピーク点）以上の6点の年齢ポイントを押さえて，自社の賃金ベースは他社と比較して見劣りしないか否か，分析，確認を行う。

記録すると年齢別賃金表が出来上がる。しかし，これでは全くの年功給ではないかとお叱りを受けるに違いない。したがって，職能給，成果給の機能を持たせた賃金とするためには人事考課や業績考課による展開が必要である。

① 昇格パターン表（P.16図表１‐４昇格パターン表）を参考に，Ｓ～Ｄの昇格パターン別に定められた昇格上限資格等級の上限年齢の賃金額を意識しながら，年齢別に賃金カーブを描く。

② 描いた賃金カーブから年齢別に賃金額を読み取り年齢別賃金表を作成する。

③ 年齢別賃金カーブ（年齢別賃金表）は昇格パターン別（Ｓ～Ｄ）に計５本のカーブを描く。

④ トップが描いた年齢別賃金カーブ（モデル賃金カーブともいう，モデルとはエリート社員の昇格パターンＡ適用者がたどる賃金）をもとに，昇格パターン別にどのような賃金格差をつけるのかを検討する。最終判断はトップが企業ニーズや支払い能力に基づいて「Ｓ～Ｄのベース賃金」カーブを描く。

　例えば，「昇格Ｂパターン者」（勤務成績が普通と評価された社員）は「昇格Ａパターン者」の賃金カーブをもとにマイナス５％の賃金カーブとするとか，また「昇格Ｓパターン者」の賃金カーブは「昇格Ａパターン者」の賃金カーブに対してプラス５％増にするなど，企業内の公平感でそれぞれ「パターン別のベース賃金カーブ」，すなわちパターン別年齢別賃金表を作成する。

⑤ 昇格パターンが決定されるまでの係長以下若年層クラスの昇給取扱いは次による。

　勤務成績が変われば適用する賃金表が変わる。例えば，１年後に人事考課がＡからＢに落ちれば，適用する賃金表は「昇格Ｂパターン者」賃金表で行う。

⑥ 年齢別賃金カーブ適用のポイントは，係長以下一般社員については人事考課の変動により賃金線を乗り換えたとき，１歳加齢による賃金額が現給より減額になるときには現給を保証する。以後の加齢による賃金も同一の

取り扱いとする。ただし，増額がある場合はその額を適用する。

⑦　昇格パターンが確定した40歳以上の社員また課長以上の管理職については，決定した昇格パターン別の賃金表を適用する[5]。しかし，勤務成績の反映は「昇格パターン別のベース賃金カーブ」をもとに人事考課別賃金カーブを作成し対応する。

人事考課別賃金カーブはベース賃金をもとに上下２本の賃金カーブを描き，これを年齢別人事考課別賃金表として作成すればよい。

4－1　簡単にできる賃金表の作成

理論に基づく賃金表の作成は素人には難問である。しかし，賃金カーブから年齢別賃金を読み取ることは誰にでもできる。留意点は自社のニーズや支払い能力，また同業競合他社の賃金水準等を勘案して自社の賃金カーブをどのような水準で描くかである。最終的にはトップの人材活用戦略における決断によるが，賃金企画を司るブレーンは労働市場の動向や他社の賃金情報を隈無く収集し，しっかりとトップを支えなければならない。

賃金表はモデル賃金（昇格Ａパターン者）を公開する。賃金表の公開は働く者にとって励みになると同時に安心感を与え人材の定着にも寄与するものとなる。賃金カーブ線を引くだけで，誰でも簡単に賃金表を作成することができる。簡単だが，賃金カーブを描くことが人事戦略そのものであり，最も大切である。

4－2　諸手当の支給

一般的に，中小企業では数多くの手当を支給している。社員の多くは，数多くの手当があるほど社員を大事にする優しい会社だと勘違いをしている。中小企業の賃金戦略は基本給をできるだけ低く抑えることであり，多くの諸手当をつけて外部労働市場の相場賃金額をカバーすべく頭を悩ましているしている企業が多い。

5　人事考課別年齢別賃金表の作成は，昇格パターン別に上下２本作成する。「昇格Ｂパターン者」の昇給を例に取り説明すると，「上とはＢ＋の賃金線，下とはＢ－の賃金線」を示しＢの賃金線の外に２本の賃金表を作成することを意味する。以下同様である。

(1) 賃金諸手当の組み立て方

手当は受給条件を満たしている人に支給するものであることを理解することが大切である。赤ちゃんが生まれ扶養家族が増えたので，家族手当を1人分増額支給するのであって，扶養家族がいない人に家族手当を支給することはない。このように受給条件によって変わる可変的な賃金は，基本給ではなく手当として支給する方が望ましい。なぜならば，基本給は賃金の基本的部分であり，基本給を弱めて手当を増額するようなやり方は決して望ましいやり方とはいえない。

できれば賃金のうちの手当部分は15%以内にとどめ，残り85%は基本給で確保維持するようにしたい。それでは，いったい今後どのような手当が必要であり整理していくべきものなのか，手当には生活関連手当，仕事関連手当，そして能力関連手当に分類することができる。生活関連手当には家族手当，地域手当，通勤手当，単身赴任手当，住宅手当等がある。仕事関連手当には役付・管理職手当，特殊職務手当，特殊職種手当，能力関連手当には精皆勤手当，資格免許手当などがある。

(2) 生活関連手当

① 家族手当

能力主義賃金の基本給体系は，年齢給＋職能給によって構成する。この場合，年齢給は生活給として扶養家族のない単身者にも適用されるが，扶養家族のある世帯主にも同じ金額では生活をカバーできない。そこで世帯ミニマムに足りない分を扶養家族手当として設定することが望ましい。以上から，家族手当は有意性のある手当の1つと考えられる。時間外の算定基礎に入れなくてもよい。

② 地域手当

1つの企業で異なった地域に事業所が複数あり，それぞれの地域によって生計費が異なる場合，事業所別に基本給を設定することは望ましくない。そこで基本給をどの地域で設定するかであるが，A地域を基準に基本給を設計した場合，B地域，C地域の生計費がA地域より高ければ，A地域との生計費の差額をB地域とC地域に地域手当としてつけることが望ましい。今日の生計費事情

からして，衣食住のうち衣食については，地域差はほとんど見られない。住まいについてはかなりの格差があり，地域手当の支給はやむを得ない。

③ 通勤手当・単身赴任手当

通勤手当は実費弁済手当として支給するのが望ましいが，非課税限度額までしか支給をしない企業もある。これは中小企業に多いが，できれば実費支給としたい。時間外の算定基礎に入れなくてもよい。単身赴任手当はやむを得ない事情がない限り止めたい。リモートワークの検討が大切だが，やむを得ない限りにおいて実費弁済として考えることが望ましい。

④ 住宅手当

住宅手当については，大企業から中小企業に至るまで普及率はかなり高い。しかし，住宅手当は地域手当との関係で重複の可能性があり，また一定額で支払っていると時間外の算定基礎から除外できない。住宅に要する費用に応じて，支給額を変動させる必要がある。そこで，しばしば一律にいくらという形になるケースが多い。この場合，社宅，寮入居者また自宅通勤者の住宅手当の違いが，1時間当たり時間外手当の違いとして支給されることは公平性を欠くことになる。住宅手当を支給する原資があるならば，基本給の充実や最低生計費を補完して家族手当を増額するやり方が望ましいと考えられる。

(3) 仕事関連手当

① 役付・管理職手当

係長，課長など部下を持つ者には，慶弔金などの付き合い料が無視できない。役付手当は部下との付き合い手当，すなわち慶弔金である。部下を持ったら，この慶弔金はおおむね基本給の5％程度と算定できる。係長以下には，これ以外に時間外手当てが支給される。しかし，課長以上の管理職クラスになると時間外手当支給対象外となる。この時間外手当は少なくとも基本給の10％程度と考えられ，慶弔金の5％を加えて，基本給の15％程度を管理職手当としてつけることが妥当といえる。

② 特殊職務手当

特殊職務手当は，「つらさ手当」「危険手当」と説明するとわかりやすい。早

出手当，高所手当，高熱手当，寒冷手当，粉塵手当，営業手当などであり，受給条件は人事配置によって変動する。

③ **特殊職種手当**

　特殊職種手当は，外部労働市場とのつながりが強い職種の賃金で，内部労働市場のバランスとのギャップがある場合には，特殊職種手当として差額分を補完しなければならない。例えば，弁護士手当，税理士手当，医師手当，看護師手当，薬剤師手当，IT手当などである。

⑷　能力関連手当

　能力関連手当支給に関する考え方は次のとおりである。この手当は精皆勤や資格免許取得に対して支給するもので，今後できるだけ縮小ないし基本給に吸収整理すべき手当である。

① **精皆勤手当**

　正社員については，精皆勤自体当たり前のことである。ただし，パートタイム労働者にとっては有用である。

② **資格免許手当**

　賃金体系が能力主義または成果主義を導入している企業においては職務遂行能力に包含されており，重複するため支給の必要はない。

4－3　学歴による賃金格差問題

　初任給の学歴差の問題である。能力・役割・成果主義の人事・賃金制度を導入している企業において学歴による賃金差が生じることはおかしいことである。しかし，年功主義から能力・役割・成果主義の人事・賃金制度に切り替えたのに，例えば高卒者（18歳）の職能資格等級1等級1号（初任給165,000円）が，4年後，大卒者（22歳）と能力，実力は同じと評価され，職能資格等級3等級1号に昇格した高卒者の賃金が，大卒者の初任給（3等級1号）201,000円に合致しないという問題が各社で見られる。これらの問題は高卒と短大卒および短大卒と大卒の学歴者間においても同様に多数見られる。

　賃金は初任給から始まり，世帯形成，キャリア形成によって1つの賃金カー

ブで描かれるが，これらの問題が生じるのは，通常，賃金スタート点にある初任給の位置づけが，カーブの線上にないことを意味する。高卒者（18歳）は職能資格等級でいえば1等級1号俸，短大卒者（20歳）は2等級1号俸，大卒者（22歳）は3等級1号俸の位置づけである。

　人材獲得のため，他社と比較して少しでも訴求力のある初任給にしたいとの思いから初任給額にスポットを当てた結果である。このような付け焼き刃的な初任給決定作業の課題は，先輩社員賃金との逆転現象が生じることにもなり，新人採用はできたとしても，戦力として働いている先輩社員を失う結果となることはいうまでもない。

4－4　学歴による賃金格差問題の解消方法

　この問題は，1日でできる 簡便な賃金表作成 により簡単に解消できる。年齢別職種別賃金カーブで該当年齢を読み取った賃金額が初任給になるからである。

　ここで大切なのは標準年齢である。標準年齢は別名給与年齢ともいう。学校卒業時，例えば新規大卒者の年齢は22歳である。二浪者は実際年齢は24歳であるが，標準年齢は22歳であり，22歳は大卒の初任給となる。この標準年齢の取り扱いは実際年齢で30歳到達時まで適用する。30歳以降は実際年齢を適用するが，それは30歳になれば一般的には世帯を形成しており，世帯形成を応援する意味合いがあり，実際年齢30歳で標準年齢との年齢差を一気に追いつき調整をすることになる。

5 / 賃金制度再構築の留意点

5－1　モデル賃金の活用

(1)　モデル賃金の作成

　モデル賃金とは，学校を卒業して直ちに入社し，標準的に経過している者の賃金であるが，この場合の標準の捉え方が問題である。標準とは平均や中位数，並数（一番多い分布帯）ではない。普通の状態での昇格・昇進した賃金ではなくエリート社員（第2選抜社員）がたどる賃金カーブである（第1選抜は抜擢人事）。すなわち，一定のモデル条件を設定したモデル条件別賃金である。したがって，これらの条件に合った賃金を賃金規定や賃金表に従って理論的に計算した賃金を「理論モデル賃金」といっており，この賃金はあくまでも賃金表の中であらかじめ設定された標準的昇給条件による賃金であり，実態の賃金水準よりも高い水準の賃金となる。

　モデル賃金はこのほかに「実在者モデル賃金」（モデル条件に合った実在者を探し，その賃金をとったもの）がある。これは標準入社者の全員を対象として，各年齢ごとの第3四分位数をとる。

　このように，各年齢の一定条件に該当する人の代表値を求めたものが実在者賃金である。ただし，モデル賃金であるので第3四分位数（第二選抜群）の賃金をとるのが望ましい。

　なお，モデル賃金は所定内賃金を対象にすべきである。

(2)　モデル賃金の使い方

　モデル賃金は他社との賃金水準の比較や分析に使われる。企業内の賃金診断にあたっては，所定内賃金モデルと基本給モデルの2つのモデル賃金を作成しておくことが望まれる。所定内賃金モデルは賃金水準の検討のために，基本給モデルは賃金体系の検討のために必要となる。

また，定期採用の参考資料や中途採用者のスカウト賃金のデータとして学校に持参，提示すると訴求力がある。モデル賃金表，モデル賃金カーブの提示は，他社にあまり例がないからである。

5-2　シニア社員の賃金

(1)　シニア社員の活用

定年と年功型賃金は日本の正社員制度を支えてきた。年功型賃金はS字型賃金といわれ，若いときには賃金を抑えられるが，年齢が上がるに従って賃金は上昇する。若いときには働き以下の賃金を受け取り，年を取ってから働き以上の賃金を受け取る仕組みといわれている。定年は組織の新陳代謝を促すとともに人件費の内転機能であり，人件費の膨張を抑える役割を持つとされる。

例えば，エスカレーターに乗っている人は定年でリタイヤしていく（高い賃金）。他方，新人（低い賃金）が入社してくる。このリタイヤローテーションによって定昇原資はまかなわれ，人件費は1円も増えない。出と入の人数が同じ完全ローテーションがなされていれば，人件費原資は目減りする。

新人採用が可能な企業では，定年を迎えた社員にはリタイヤしてもらい，リタイヤローターションを図ることが，人件費管理，組織の若返りなど，企業経営面から多くのメリットがあることはいうまでもない。このとき，定年後シニア社員の一般的な賃金は，3割程度下がるのが一般的である。しかし，少子高齢化による労働力の減少によって，シニアの持つ貴重な経験を活かすべく，年齢や雇用形態にとらわれないジョブ型賃金の導入が進んでいる。

(2)　シニア社員の賃金の決め方

定年後，再雇用者の賃金決定に際しては，「高年齢雇用継続給付金」と「在職老齢年金」との関係を考慮して決定している企業が多い。年金の支給開始年齢は，男性は2025年，女性は2030年に完全に65歳になる。

定年から年金支給開始までの空白期間が生じるため，2013年に希望者に対する65歳までの雇用が義務づけられた。ただし，なかには安易な仕事をやってきた能力不足のシニア社員も多数おり，人手，人材不足だからといって，この義

務を無理に企業に押しつける理不尽さを不満に思う企業もある。したがって，定年を経た後の再雇用は，シニア社員として一定の雇用期間を更新することによって，65歳または70歳，あるいは生涯現役で働くという形態を制度化するのもこれからの新たな方策である。

　勤務形態のメニューを数パターン用意して，本人に選択させる方法がよい。シニア社員の置かれた環境はさまざまである。健康であるうちは生涯働きたい，老々介護のためパートで働きたいなど，シニア社員のいろいろなケースを想定しながら再雇用や継続雇用等人材活用のパターン化（能力の再評価）を図り，そのパターン別に賃金制度と運用方法などを制度化しておくことが必要である。これらシニア社員の賃金制度設計の基本は，属人的な要素を排し仕事基準による役割給や業績給，成果給の適用が望ましい。

　長いキャリア形成で培った知識や熟練技術を活かせる能力者は，エキスパート（専任職）として活躍してもらうのがベストである。また，正社員，再雇用また継続雇用，契約社員という身分上の違いがあるとしても，仕事の難易度レベルや量的に同じ仕事をやっているのであれば同一労働同一賃金を適用する。仕事基準賃金には，ホワイトカラーの職責給，役割給，業績給，成果給，年俸制と各種がある。またブルーカラーの仕事は手順が定まった職務の繰り返しであり，賃金は職務の価値によって支払わられる職務給を適用する。すなわち，シニア社員の賃金は定昇のないジョブ型賃金がベストといえる。したがって，人事評価制度や賃金制度を早急に見直し，ジョブ型賃金への切り替えを行うことが焦眉の急となる。

　最後に，新卒採用ができない中小企業では，賃金の内転機能による定昇の目減りや総人件費の原資の減少はあまり期待できない。退職者の補充は熟年者の採用で補うことになるため，生産性の向上をいかに図るかが経営の鍵になる。

5－3　中途採用者の賃金

⑴　初任格付けと初任給の算定

　能力・役割・成果主義導入企業における賃金の決定は，前職暦経験の評価を含めて理論的に説明できなければならない。中途，定期採用にかかわらず，こ

れからの初任給決定においては職務遂行能力や役割遂行度が重要なファクターになることはいうまでもない。しかし，職務遂行能力は目には見えないのでつかみどころがない。そこで，能力は仕事を通じて，この仕事ができるから能力有りとか，客観的に可視化することになる。

役割遂行度は主に課長クラス以上に適用する。係長クラスまでは主に能力主義で職務遂行能力を評価するのが一般的である。課長クラス以上の役割評価，係長以下一般社員の能力評価の基準は「役割・職能要件書（仕事と能力の明細書）」である。

したがって，この役割・職能要件書がないと年功基準（年齢，勤続年数，学歴，性別など）になる。すなわち，年功基準では定期採用者と在籍社員との賃金のバランスを考えながら，定期採用者賃金に一定の減額率を乗算して，年功基準算定方式で初任給を決めざるを得ない。

しかし，能力主義による場合の採用では，職能給スタイルで初任給を決めることになる。職能給における中途採用者の等級格付けと初任給算定方法は，原則として次の方法による。

① 初任格付けと初号賃金の決め方

● 担当させる仕事（課業）でまず職能資格等級を決める

● その等級の初号賃金を適用する

入社時には，まだその人の能力や実力の程度がよく分からないので，どのような仕事ができるのか，またやってもらうかで職能資格等級を決め，とりあえず，格付けされた職能資格等級の初号賃金を適用する

② 初任給の調整

定期入社の者との間に不公平な格差が生じないように，2回の初任給調整の機会を設けて初任給の調整を行う。

1） 入社後,遅くとも10ヵ月以内に成績考課を実施して，賃金号俸の位置づけの調整を行う。入社後6ヵ月が過ぎれば成績考課を実施することが可能になるからである。また，6ヵ月が過ぎれば仕事にも慣れて，おおよその能力・実力の把握が可能になる。この時点では，まだ職能資格等級は変更せずに，しばらくの間，能力の推移（成績など）や実績を観察

して，賃金号俸を少し前進させ，第1回目の昇給調整を行うようにする。

2） 長くても3年以内に能力考課を実施して，必要があれば仕事の配分を見直し，等級と賃金号俸の位置づけを調整する。この2回の調整で等級，賃金号俸，仕事の配分を修正し，仕事や能力が定期採用者と同一であるならば，勤続年数や前歴に関係なく定期採用者と同一の賃金水準まで引き上げる。3年経過後は，二度と中途採用者と呼ばないのが能力・役割・成果主義賃金のルールである。

③ 前収保障採用者の賃金の取り扱い

前収を保障するときは，職能資格等級または役割等級の初号賃金の適用ではそのほとんどが前収を下回り，人材確保が難しい場合がある。

そのようなときには，

● 調整手当で不足分をカバーする

● その調整手当は，3年以内に能力があれば基本給に吸収し，能力が不足する場合はカットするのが原則である

● 前収保障のスカウト採用の場合は，自社の賃金ベースを上回った部分（額）は調整手当でカバーするが，あくまでも在籍者との賃金バランスを重視し3年以内に調整，整理する

ことが必要である。調整のやり方は，毎年の昇給（定昇，ベア）時に該当者の調整手当の額を減じて昇給の原資に振り替える。または，計画的に数年かけて調整手当をカットしていく。昇格したときには基本給に吸収整理する。

(2) 中途採用者の賃金を決める基準

中途採用者の賃金を決める基準も「職能・役割要件書」である。この基準の整備ができていないときは，面接で前述の「課業・役割業務の難易度評価基準」を使い課業・役割業務の実務遂行ポイントを確認し，保有する能力，実力のおおよその見当をつけなければならない。したがって，「職能・役割要件書」がなくても，職能・役割資格等級別にメインとなる課業，役割業務を少なくても3～5個程度は明確にしておくと，容易に応募者の能力または実力の程

度を把握することができる。

　人材の確保にあたっては，年功基準により処遇されている在籍社員とのバランス問題がある。賃金処遇の逆転現象が生じる可能性が大いにあるからである。いずれ企業全体として人事賃金改革を進めなければならならないが，中途採用者から先行して能力・役割・成果主義賃金を導入するのもやり方である。

5－4　職種別個別賃金表作成の必要性

　賃金は，すでに述べたように労働またはその労働力の対価である。ところで，労働また労働力には数々の銘柄がある。銘柄とは，部長，課長，係長，一般社員のことであり，それぞれの銘柄には値段がある。したがって，労働または労働力の銘柄別値段（銘柄別対価）のことを，賃金の専門用語で「個別賃金」という。例えば，35歳，勤続10年，係長の熟練度別賃金Ⅰは300,000円といったようなものである。

　また，個別賃金を一覧にしたものを個別賃金一覧表といい，これを略して賃金表という（図表2 -12）。賃金表こそが労使関係の接点であり，この賃金表をベースにして1人ひとりの賃金が決まる。無論，中途採用者の賃金もしかりである。

　しかし，この賃金表も物価，生産性，労働力需給関係，労使関係，生活水準の向上などの変化を受けて，新しい賃金表に書き替えなければならない。労働組合からは毎年，春闘でベアの要求が出される。このベアの要求に対して労使で取引を行い，妥結すると新年度（4月1日）から適用する新たな賃金表に書

図表2 -12　個別賃金表の例示

（単価：円）

職　　種	熟練度別賃金	
係　　長	Ⅰ	300,000
	Ⅱ	310,000
	Ⅲ	320,000
	Ⅳ	330,000
	Ⅴ	340,000

き替えられる。初任給もベースアップの改定があれば書き換えられる。不況期こそ，他社に先駆けて人材確保をする絶好のチャンスである。労使関係や社員の生活向上分を考慮したベースアップの検討も必要である。

　現在の労働市場は一層オープン化し，人材の流動化はさらに進むものと推察されるが，その結果，新たな社会的専門職種が企業の枠を超えて職種別労働市場を形成する賃金の横断化が進んでいる。日本型の賃金や雇用の制度が大きな転換期を迎えている。一律のベアや定期昇給をベースにする年功型の賃金体系から，職務内容を明確にした専門的な能力を処遇する「ジョブ型雇用」への移行が進む。経団連が発表した調査では，３割強の企業が雇用の柔軟化・多様化を図ると回答した。中途採用ではジョブ型の処遇を重視する企業がすでに６割以上になっているが，今後は新卒にも広がりそうだ。

　さて，賃金を考えるうえで大切なものに「個人別賃金」がある。ベースアップは個別賃金の問題であり，１人ひとりの個人別賃金の問題ではない。個人別賃金とは，賃金表の座席の中で今どこに座っているかという座席番号の賃金である。社員は必ず賃金表のどこかの座席に着くが，この座席は毎年，社員の成長を受けて先の座席に進む。これを定昇といっている。したがって，定昇はベースアップがなくても制度として毎年確実に実施される。賃金が高い，安いの論議は個別賃金の制度の問題であり，個人別賃金の問題ではない。賃金比較は個別賃金で行うのがルールである。

　個人別賃金を平均賃金と比較する場合は，比較対象者と比較者の条件を同一に合わせないと比較はできない。そこで，世間では「個別賃金（＝銘柄賃金）」で比較を行うのが一般的である。個々の企業の中には労働（仕事）や労働力（能力）の銘柄は数多くあり，全部をとっていると個人別賃金と同じものになりかねない。そこで代表的な銘柄を取り上げたものをモデル賃金といっている。モデル賃金とは，学校を卒業して直ちに入社し，その後標準的に昇進・昇格し，世帯形成（結婚や子女誕生）をしている場合の属人的条件および職務条件（仕事や能力）に合致している銘柄である。このような銘柄条件をモデル条件という。このモデル条件に合った賃金をモデル賃金といっている。

　賃金にはもう１つ平均賃金があるが，この平均賃金は労務構成や就業条件な

どによっても容易に変化するもので，賃金論としてはさして重要ではない。なぜならば，高年齢者や世帯主が多い企業と，社員が多く残業や休日出勤が少ない企業では，賃金格差がつくのは当然であるからである。したがって，平均賃金でＡ社の賃金ベースは高い，Ｃ社の賃金は低いとはいえないからである。賃金比較は，モデル賃金で比較条件を合わせることによって可能になることを理解することが必要である。

中途採用時にモデル賃金があれば，的確な賃金査定ができる。

5－5　年俸制賃金の留意点

最近は部課長クラスの採用には年俸制で交渉するケースが多いが，年俸制の導入についてはまずその背景や理由，メリット・デメリットを考えて取り組む必要がある。通常，１年分の賃金をまとめて契約する賃金を年俸といっている。したがって，年俸者には手当も賞与もないのが普通である。しかし，年俸計算の中身は，次の公式のように賞与部分も含んで計算するのが一般的である。

$$年俸＝（基本年俸）＝（基準賃金×12ヵ月）＋業績年俸＝（基準賃金×支給率Ｘヵ月×個人別業績考課×企業業績考課）$$

この年俸適用者は，一般的には高度なスペシャリストやエキスパートなどのプロ人材をスカウトする際の賃金である。一般的な社員の賃金体系ではなく，まさにジョブ型戦略的人材確保のための賃金制度で高度なスペシャリストやエキスパートを即戦力者として採用するプロ人材に適用する賃金である。

年俸制を適用する場合は，何を基準に賃金のアップダウンを行うのか，その基本ルールを明示しておくことが大切である。年俸制適用者の理解と納得が得られない制度では，期待する成果は得られないからである。本人の意思によって仕事を選択できる場と責任と権限を付与することも年俸制定着の重要な要件である。

年俸制適用者には採用時または更新時には，次のような年俸計算方法，内容等を明示することが大切である。

● 年俸を計算する基準賃金の賃金項目

- 年俸に含まれない手当
- 年俸の支給方法は毎月16分の１を支給し，年２回の賞与支給時に16分の1.5と2.5を支払うなど
- 年俸額計算の基準の明示
- 更新時期
- 年俸決定時に重視する要素は目標達成，前年対比の数字（直近考課時の業務実績など），世間相場など
- 更新手続きは面接時決定
- 年俸のアップダウンはアップ上限＋10％，ダウン下限−10％

実績が抵下した場合，年俸額は現状維持とするのか，ダウンさせるとすればどの程度にするのかを明確にしておく。

年俸の見直し時期については，テーマにより１つの成果が期待できる３ヵ月，６ヵ月，１年，最長でも２年とするのが一般的である。

5−6　第２の賃金「賞与」の取り扱い

賃金を考えるとき，月例賃金だけでは賃金の全体像を把握したことにはならない。例えば，月例賃金がどんなに高くとも，賞与が世間ベースより見劣りする額であるならば，年収ベースでは良い賃金とはいえない。賃金ベースを考える基本は年収ベースである。しかし，広義の賃金で考えれば退職金も含めた生涯賃金で議論すべきである。ここでは年収ベースで中途採用者の賃金管理のあり方を考えることにする。

まず，賞与とは何かである。日本の賞与制度は盆暮れのもち代として慣行的な概念で考える社員が多いのも事実で，一般的には年間５ヵ月分が支給されているといわれている。そのうち，生活一時金部分が３ヵ月，業績変動部分が２ヵ月といわれているが，生活一時金３ヵ月部分については月例賃金の後払い的な性格と考えることもできる。また，生活一時金は人事考課を反映しない固定的賞与として月例賃金に置き換えて考えることもできる。

賃金の低い企業では固定賞与を月例賃金の改善原資に使い，社会相場や同業他社の水準まで引き上げることが望ましい。賃金水準が社会相場に見劣りする

状態では，優秀な人材の確保は難しいからだ。一方，業績反映賞与は，企業の生産性によって可変性豊かな賃金原資として使うことができる賃金である。

月例賃金は社会性，賞与の業績反映部分は，企業性を反映したものということができる。

以下に賞与の性格について考えてみることにする。

- ●A案：慣行…先に触れたように社会的慣行（業界，地域他社）で決める。
- ●B案：功労報奨…企業への貢献に対する報奨である。
- ●C案：成果配分…収益獲得に対する成果の配分である。
- ●D案：賃金の後払い…月例賃金は経営の安定面から確実に支払うべきもので，絶対基準を決める。一方，賞与は追加賃金として支払う後払いの賃金であるとの考え方である。
- ●E案：動機づけ…社員の勤労意欲を刺激する手段として成果配分を通じて経営参画意識を高める。

などである。

例えば，賃金の後払い説（D案）または慣行（A案）を支持する場合，募集要項には月例賃金のほかに確定賞与Xヵ月と記載することができる。その他，B，C，E案では平均実績月数，または平均実績額で示すことになろう。平均実績月数・平均実績値とは，賞与に人事考課を反映している企業ではB考課者（評価が期待レベルの者＝普通と評価された者）の平均実績値を記載する。

また，変動的業績反映賞与は，次の各指標を総合勘案して支給月数や平均支給額を決定することになる。

• 今後の業績見通し	• 業界環境	• 労使関係
• 過去の賞与支給実績	• 一般的経済状況	
• 同業他社の支給状況	• 世間相場	

結果として，年間賞与月数＝固定賞与3ヵ月＋業績反映賞与2Xヵ月，この2Xヵ月のXは自社の「経常利益」「今期業績の見通し」「賞与の世間相場」「労使関係」などをもとに経営側の政策的判断で決めることになる。留意点は，Xは非累積的でその都度の業績や政策に応じた可変性に富んだ変化する数値で

図表 2 -13　勤年別支給率の例示

区　分	掛　率
在籍 1 年以上の者	100％
在籍 1 年未満の者	
10ヵ月以上　 1 年未満	90％
8 ヵ月以上　 1 年未満	80％
6 ヵ月以上　 8 ヵ月未満	70％
4 ヵ月以上　 6 ヵ月未満	60％
3 ヵ月以上　 4 ヵ月未満	50％
3 ヵ月未満	寸志

ある。

　これらの変化に富む賞与額を募集要項にどう記載するかだが，実績値で表示する企業が多い。しかし，この賞与支給については「支給対象者」を決めているところが多数である。賞与の支給規定を見ると，「在籍 1 年以上の者を100％支給とする」ところが一般的で，在籍 1 年未満者には勤続年数別，在職月数別に減額係数が乗算される。

　すなわち，B，C，E案を支持する企業では，賞する者に支給するのが賞与であるとする経営者が多い。入社したばかりの仕事の見習者に満額の賞与を支給することに抵抗感があるため，賞与の支給は一般的には 6 ヵ月ごと，年 2 回であるが，6 ヵ月間勤務で 3 ヵ月以上（暦日）勤務した社員に支給と定めている企業が多い。勤続 3 ヵ月未満者の場合は，寸志（金一封）の定額支給が多い。

5 － 7　第 3 の賃金「退職金」の支給

　退職金の設定について，労働基準法第89条には「退職金は相対的必要記載事項」と定められ，義務化はされていない。しかし，日本企業の 8 割は退職金を支給している。退職金は従来，勤続が長ければ長いほど高額の退職金額が支給されている。しかし，今日，能力・役割・成果主義人事制度の進行にともない，その性格も変わりつつある。その主な例が早期退職優遇制度である。永年勤続奨励型の退職金とは逆の性格に変わっている。

政府は，雇用義務の65歳を超えても健康で働く意志のある高齢者の意欲をそがないように年金制度を見直し，受給開始年齢を70歳まで伸ばし，70歳超も選べるように具体的な割増率を検討するとともに，働いて一定の収入がある高齢者の年金を減らす「在職老齢年金」の見直し検討に入っている。人手不足など超高齢化社会の進行にともない，かねてから労働組合が主張してきた「老後の生活保障」説は後退したと言わざるを得ない。

　なかでも，退職金を論議するとき，常に浮上する議論はおおむね次の4点である。退職金の性格をどう考えるかによって退職金の内容と設計スタイルが変わるので，労使で議論して統一見解をまとめておく必要がある。

- 在職中の功労に対する報酬であるという「功労報奨的性格」（経営者の主張）
- 老後，失業の生活保障を企業の社会性という観点から補充する「老後保障的性格」（労使の主張）
- 労働力の定着と永年勤続を期待する「勤続奨励的性格」（経営者の主張）
- 在職中の賃金は一部支払われていないからその蓄積であるという「賃金後払的性格」（労組の主張）

この中で支持が多いのは「功労報奨的性格」と「老後の保障的性格」の2つである。

　これまでの退職金制度は，算定基礎額（基本給）そのものが年功により増加する仕組みであり，その基礎額に退職するまでの年数比例係数が乗算されて支給額が算出されていた。

　　退職金＝退職時の算定基礎額×勤続年数別係数×退職事由別係数

　退職金問題は今や大きな企業経営テーマになっている。その課題は社会的背景の変化，すなわち労働力高齢化の進展によるものである。

　社会的背景として，「公的年金（老齢厚生年金）の支給開始年齢65歳への引き上げ」「60〜64歳間の継続雇用および定年延長」「老後の生活保障にともなう年金破綻問題」，また2001年の新会計基準の導入による退職給付債務の決算書類への開示問題，企業年金基金の積立不足の早期解決など，課題が山積してい

る。折しも，確定給付企業年金（DB）に入る会社員は，最大月2万円まで個
人型確定拠出年金（イデコ）に拠出できるように厚生労働省が検討に入った。
少子高齢化で公的年金が先細るなか，私的年金が老後に向けた資産形成を後押
しをする。イデコは加入者自ら投資信託などで運用する私的年金の1つであり，
掛け金が所得控除の対象になるほか，運用益が非課税になる利点がある。2022
年10月からはすべての会社員がイデコに加入できるようになる。老後の生活は
自己責任の結果であり，若いときからの努力が求められている。

　一方，退職金（一時金・年金）の支給について，経営側はどのように考えて
いるのだろうか。明日から出社しない人に数千万円の退職金を支払う会社のメ
リットは一体何かを疑問視する経営者が結構いる。例えば，お金が必要な年代
に前払い退職金として支払えば，家計の補助やキャリア形成の能力アップに役
立つというわけだ。

　前払い退職金は，一般的には，勤続3年以上の社員に毎年2回，夏季，冬季
賞与支給日に自己都合退職で算定した金額を支払う。しかし，定年まで頑張っ
た社員には，定年退職時に会社都合で計算した退職金額と自己都合退職金との
差額分を支払い精算することになる。

　退職金の支出は一度に多額の出資をともなう隠れ負債であるので軽視しがち
である。経営存続の根幹を揺るがす結果にならぬよう，毎年の収支計算と確認
に万全の注意を要する。退職金制度を存続するならば，同業各社の退職金改善
の動向を見ながら，賃金とは切り離した功労報奨的性格を織り込んだ報酬とし
て再編することが必要であろう。各社の主な退職金改善の動きは次のとおりで
ある。

- 退職金に成果主義を反映させる動きが見られる
- 早期退職優遇制度の導入（自由選択定年制etc）
- 前払い退職金制度の導入が進んでいる
- 永年勤続は，貢献度そのものではなくなった

　退職金問題の解決は小手先ではなく，人事，賃金，処遇制度全般を含めた
トータル人事制度の再構築の課題でもある。しかし，今すぐに必要原資の支出
がないことから経営陣としても逼迫した危機感がなく，問題を先送りにする企

業が多い。これでは雇用延長，仕事と能力のミスマッチに対応できないことは明らかである。

　人材不足が叫ばれ，70歳雇用問題が視野に入る時代になった今，勤続年数の伸びがそのまま退職金支給率に累積される状態ではとても高齢者雇用は前向きには進まない。また，退職金問題を遮断するために，ある一定年齢（50歳，55歳，60歳定年）到達で満額打ち切りや退職金を包含した年俸制に移行する企業もある。生涯賃金支給のビジョンもなく，そのときの問題処理として節操もない対応が多くの企業に見られる。これが中小企業の実態でもある。

6 / 第4の賃金「成果配分賃金」の導入

　新型コロナウイルス感染症の流行やウクライナ問題で経済活動が停滞し，世界で雇用不安が広がり，日本経済の先行きもますます不透明となり，長期雇用や年功賃金，日本のメンバーシップ型雇用慣行に急ブレーキがかかった。かねてより経済のグローバル化やデジタル化，少子高齢化の加速で年功制度の払拭が課題として指摘されてきたが，コロナショックによる急速な景気の悪化が鮮明になり，もはや日本型雇用では社員の能力ややる気を引き出せなくなったこともその背景にある。今日，仕事を明示して人材を採用する「ジョブ型採用」，賃金は仕事の専門性や成果に対して支払う日本型成果主義賃金（役割給，業績給，成果給，職務給，年俸制）や能力主義賃金（職能給）への転換が急ピッチで進んだ。成果主義か能力主義か，どちらを選択するかは自社のニーズによる選択となる。

　今日のコロナショックによる世界の危機的な経済悪化に対峙するため，人事戦略として経営力，社員力の一段の結束が求められているが，それが第4の賃金である成果配分賃金の導入であり，今その支払い方法について新たなあり方の検討が進んでいる。企業の評価は間違いなく利益の大小によって行われるが，大不況とはいえども，利益獲得のために手段を選ばずの経営は，今日では社会的責任を厳しく追及される。利益配分は，人件費，株主配当，内部留保，租税公課の4分法のバランス評価が優良企業の指標となる。

6－1　付加価値とは何か

⑴　成果配分賃金の源泉

　さて，成果配分賃金を検討する場合の重要な論議は，いかにして売上げを上げ，付加価値（利益）を高めるかにある。しかしその前に，ここで大切なことは付加価値の捉え方である。付加価値から減価償却を差し引いて付加価値を考えるか，加算して考えるかである。これによって利益の額が変わってくる。労

使でしっかりとした話し合いを行い，自社の考え方を統一しておくことが必要である。多くの調査機関から業種別付加価値統計資料が発表されているが，その計算方法にも控除法と加算法があり，外部購入価値の捉え方に若干の相違がある。この業種別付加価値を合計するとその業界全体の付加価値となり，さらにすべての業界の付加価値を合計すると産業全体の付加価値となる。これが国民経済の付加価値，国民所得になる。

　付加価値は成果配分賃金の源泉でもあり，付加価値が大きくならなければ人件費の原資は限られるので，労使のどちらかの原資を削ることになる。利益がないのに賃上げをすれば人件費は増大し赤字経営となり，逆に経営者側の利益を優先すれば社員の給料は上げられないといった表裏の関係にある。

　また，付加価値は増大しても借金（金融費用）や減価償却費が増えれば社員への配分はできない。したがって，賃金を上げるには付加価値を大きくすることが絶対不可欠の条件である。

(2)　付加価値の算出方法

　ここで「付加価値」について明確にしておこう。付加価値を一言で説明すれば，経営者（資本）と労働者が共同で稼ぎ出した純稼ぎ高のことである。算出方法は売上高から材料費や外注加工費，仕入原価，諸経費など，外部購入価値を差し引いた控除法と加算法の2つがある。

　＜控除法の例示＞
　　付加価値＝売上高－外部購入価値費（材料費・外注加工費・仕入原価・諸経費）
　＜加算法の例示＞
　　付加価値＝人件費＋賃借料＋金融費用＋租税公課＋法人税等充当額
　　　　　　＋当期純利益＋減価償却

控除法，加算法を採用している主な調査機関は次のとおりである。
- 日本生産性本部（控除法）
- 中小企業庁（控除法）

- 日本銀行（加算法）
- 通産省（加算法）

　次に，付加価値分析のポイントを挙げれば，第1には，企業の生産性の正しい測定である。第2に，成果が資本と労働（賃金）に適正に分配されているか否かの分析である。企業のさらなる発展には，所定の利益，必要利潤を確保していくことが必要であり，また社員の生活向上，維持のために必要な賃金も確保しなければならない。

　そこで，1円でも多くの付加価値を創出することは労使共通の課題である。付加価値という言葉を一般社員にも身近な指標とするためには，1人当たりの付加価値増減率，労働分配率（付加価値に対する人件費の割合）などといった分かりやすい指標を旗として振ることが大切である。

6－2　成果配分賃金（目標超過成果）を組織へ還元

　成果配分賃金の導入を目指す企業が増えているが，その内容を見てみると，成果配分時の還元システムが公開されていなかったり，目標成果や利益等について労使が共通の情報を持っていないなど，成果配分賃金とはいえないものが数多く見られる。

　成果配分とは労使が一体になって公開，協議，還元のシステムを作り対処する方式である。したがって，目標成果を明確にして目標を上回った成果（売上高や付加価値，経常利益などの超過成果）があった場合，その超過成果に対してあらかじめ設定した分配基準によって追加還元を行うシステムが用意されていなければならない。この分配基準によって支払うものを成果配分賃金という。超過成果の一定割合を頭数で割り，均等額を各人に配分している企業もある。掃除のおばさんも営業マンも事務員も工場長も課長や部長も，皆同じ額である。すなわち，超過成果を組織に返す，この考え方が組織としての一体感を作り出す。掃除のおばさんは，自分の持てる力を精一杯発揮して頑張った。この価値は部長や課長の頑張りと同じと考える。このしなやかな人事管理が社員の共感を呼び，組織として次の成果につながる大きな力になる。

(1)　成果配分賃金の基本的な考え方

　成果配分賃金導入の意義にはいくつか重要なものがある。

　わが国の賃金体系の主流は今や能力・役割・成果主義賃金だが，その基本ベースは職能給であり，職能給の純化・強化が一層強まっている。しかしながら，職能給は人間基準賃金の能力の成長の可能性に期待する賃金であり，完結した賃金とはいえない。職能給はどんな能力を持っているかを基準にしているので，現に，今やっている仕事とは必ずしもイコールにならないのである。しかし，和と安定を大切にするわが国の企業風土にはよくマッチした賃金といえる。このように仕事との結びつきが弱い職能給に仕事との結びつきを持たせて，刺激的な賃金にしたのが成果配分賃金である。

　月例賃金を決める大きな要因の1つは社会相場（社会性）である。しいていえば，月例賃金は企業の生産性，業績に関係なく，社会の経済状況や労働力の需要と供給により決まる。このように月例賃金は社会基準に合わせて安定的に支払うことが大切であり，業績変動による賃金変動部分は成果配分賃金（臨時給与）の支給によって精算をすることができる。要するに，成果配分賃金の支給は職能給における概算払いを精算する意味を持っている。

　また，部門間の業績の違いを成果配分賃金で処遇することができる。企業全体の生産性は月例賃金に反映させ，部門業績の格差は臨時給与の形で配分するのが適切である。このとき，企業・部門の成果は個人業績に置き換えられ業績向上への貢献度によって公正に配分されることが大切で，そのためには，評価項目（要素），目標値，評価基準などの指標を明確にして取り組む必要がある。

　以上，職能給を完結させるためには，成果配分賃金を付加することによって職能給は能力主義賃金として完結した賃金になり，かつ有効な賃金となる。

　成果配分の配分方式を考える発想は賃金，賞与のみならず，賃金の多様な配分方式を考える発想から生まれている。すべてをお金で支払うのではなく，例えば，能力開発（教育機会の増大），通信講座，時短，福利厚生など多様な成果の配分方法の検討も必要であろう。しかし，一般的に生産性向上の成果配分としては，臨時給与（賞与，一時金）としての配分がなじみやすいのでこれらの支給が多いのが実態ではある。

高齢化，国際化，IT情報化，専門化など時代ニーズが多様化する中，新型コロナウイルス感染の禍によって経営環境は一段と不透明で厳しさを増しているが，その中でも強い競争力を持つためには，労使が一体となって経営参加することが必要である。成果配分賃金はその機能を持つものといえる。

⑵　成果配分賃金導入の条件とポイント

　成果配分賃金が所期の効果をあげるためには，成果の具体的な指標やその配分算式，分配比率のほか，利益や経営資料の公開など，ガラス張り経営がまず前提となる。成果配分賃金はガラス張り経営の上に成立する賃金であり，労使一体となった経営成果による賃金ともいえる。また，企業の支払い能力と人件費の関係をきちんと調整するには成果配分賃金が必要である。月例賃金は中長期的な生産性の動向によって決めるのが望ましく，短期的な業績変動は成果配分賃金として受け止めるのがよい。臨時給与（賞与）に成果配分賃金を導入するとなると労使の細かい協議が必要であり，思い切った人事戦略が打てない。労使の自由な発想による目標達成へのエネルギーを発揮することが難しくなる。

　すなわち，成果配分賃金は組織活性化の賃金として有効な賃金であり，働く者にとってはチャレンジによるインセンティブ賃金となる。しかし，オーナーにとっては必ずしも良しとしない。利益情報はできるだけ内密にして，オー

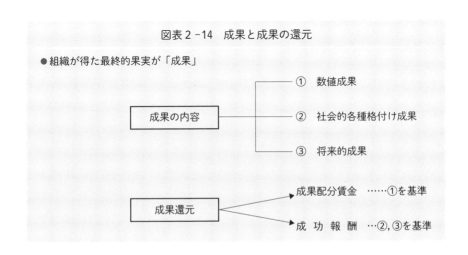

図表2−14　成果と成果の還元

ナーの役員報酬などを洗いざらい（オープン）にしたくないのが本音であるからである。したがって，サラリーマン社長の会社では導入しやすいが，オーナー経営では会社は自分のものとの思いがあるため，懐の中身は他人には見せたくないといった気持ちを持つオーナーが多く，導入件数が少ないのが現実である。

したがって，成果配分賃金導入の条件としては，次の2点が大変重要である。
- 経営情報が日常的に全社員に周知されていること
- 労使の相互信頼に基づく社員の経営参画体制づくり

また，職能給の理論体系についても時代のニーズに合わせたメンテナンスが必要である。

また，成果配分賃金導入ポイントを挙げれば次のとおりである。
- 労使が一体になり具体的な指標や目標づくりを進める
- 指標（目標値）や基準はできるだけ単純明快で誰にでも分かりやすく，また業種や企業規模，業態，部門特性にマッチしたものであること
- 目標（目標値）は次の成果に向けて連続性があり，その指標を達成することが企業の発展にも結びつくものであること
- 成果配分の基準，指標には理論的な裏づけが用意されていて，労使ともに納得し共有できるものであること
- 成果目標や基準値は事態の変化に柔軟に対応できるもの

6－3　生産性と賃金の支払い

ここ数年の春季労使交渉は従来とは大分様変りしている。政府はデフレ脱却，経済活性化を目指すアベノミクスで賃上げの主導的環境づくりをしてきた。

しかし，新型コロナウイルスの感染問題をきっかけに，仕事のやり方の見直しに注目が集まっている。在宅勤務が当たり前になり，それにともなう新たな物差しによる処遇制度が必要で主要企業の賃上げも様変わりをしている。

トヨタ自動車では「一律ベアはフェアでない」とベアに否定的な姿勢を示し，またベアの金額も非公開にした。また，「賃金を上げ続けることは競争力を失う」として，生産性と賃金について従来にない新たな見解を示している。その

他，大手企業でもトヨタに準ずる動きがあり，今や労組との妥結内容も一律ではなく，初任給を上げたり，また職種や年齢帯を絞った賃上げなどの調整ベアが主流になってきた。賃上げは労使間の個別交渉によって決めるものであり，その結果は企業の支払い能力によって労働分配率が必然的に決まる。

(1) 賃上げとその吸収策

ベアの性格は，物価上昇分を補填し，所得（生計費）が目減りしないように配慮する経営責任が求められる。しかし，賃金は企業の生産性をベースに，また労働力の需要と供給関係を考慮し個別企業で決める課題であるが，そうはいっても社会の調和を無視しては決められない。ベアは社会性の課題であるからである。

いずれにしても，経済の好循環を持続化させるためには賃上げを一過性で終らせることは望ましくない。そのためには，何としても売上高を拡大し，賃上げの吸収策やコスト削減策を戦略的に考え実行していかなければならない。

(2) 賃上げ幅の決め方

賃金には2つの性格がある。1つは労働力の供給価格であり，もう1つは需要価格，すなわち買値である。供給価格は労働力の再生産費用，つまり生計費によって規制され，また需要価格は生産性によって規制される。

したがって，賃金決定要因は生計費と生産性によって決まるということになる。労働者の労働力は売値（生計費）であり，経営者は労働力を賃金交渉によって買うことになる。また，労働市場では団体交渉によって取引き（バーゲン）が行われる。労働者側は賃上げ要求額を，経営者は買値額を提示し交渉が行われ，煮詰められ最終的に取引価格が決まる。

このように，取引によって賃金は決まるが，そのときの労働市場の状況で，労働力が不足していれば売り手市場となって賃金は高止まりとなり，逆に労働力が過剰だと買い手市場となって賃金はたたかれて抑えられる。しかし，賃金決定に影響があるのは労働力の需給関係だけではなく，良好な労使関係維持のための賃上げもあり，これらも賃上げ調整要因として政策的に行われる。

さて，生計費と生産性が賃金決定の要因だが，生計費は物価と生活水準からなり，生産性はミクロとして企業経営業績（支払い能力）の2つの側面からなる。生産性は産業や企業によって業績格差があり，これが賃金に反映するのは仕方がないことではあるが，賃金水準については社会性を無視することはできない。でなければ，人材の確保，育成，また労働意欲の向上も図れないことになるからである。

(3) 支払い能力の考え方

　付加価値の中に占める人件費の割合を労働分配率というが，一般産業では好況期には下がり不況期には上がる。企業によっては，よほどの放漫経営がなければ，安定した収入が保障されている安定産業もある。

　さて，産業の最大の経費は人件費であるが，経営状況が逼迫しているときには，労働分配率をどこまで上げることができるかの問題がある。たとえそれが一時的な賃上げであっても，これからの経営にダメージを与えるような賃上げを実施することはできない。

　一般産業の春の賃上げでは，常に大手の賃金改善が目立つが，その勢いは中小企業まではほとんど広がっていない。無理に賃上げをしようとすれば，販売価格を引き上げるか人減らしをするより仕方がないが，多くの産業の中でも医療機関・施設には法定基準人員があり，また価格の引き上げは診療・介護報酬の公定歩合で規制されており，一般産業のような対応はできない。では，労働分配率のデッドラインは何によって判定できるのかである。これは大変難しい問題ではあるが，人件費問題を考えるとき，筆者は次の視点から総合判断をすることが必要と考えている。

　　＜財務の活性化＞

- 自己資本構成比率（自己費本/総資本）…30％以上欲しい
- 金利負担率（支払利息・割引料・受取利息/収益）…2％以下に抑えたい
- 固定比率（固定資産/自己資本）…100％以下に抑えたい

　　＜収益性＞

- 総資本経常利益率（経常利益/総資本）…10％以上欲しい

- 売上高対人件費率（人件費/売上高）…55％以下に抑えたい

- 売上高対経費率（経費/売上高）…15％以下に抑えたい

＜生産性＞

- 付加価値率（付加価値/売上高）…70％以上は欲しい

- １人当たり付加価値（付加価値/社員数）…555,000円以上欲しい

- 労働分配率（人件費/付加価値）…65％以下に抑えたい

＜成長性＞

- 自己資本成長率…（当期自己資本/前期自己資本）…110％以上欲しい

- 経常利益成長率…（当期経常利益/前期経常利益）…110％以上欲しい

- 付加価値成長率…（当期付加価値/前期付加価値）…120％以上欲しい

6－4　生産性と適正な従業員数

　課題は何をどう改善努力したらよいかである。標記の経営課題を解決するための手段・方法を，チームメンバー全員で英知を絞り提案し合うことが問題解決のスタート点になる。

　その他，企業規模に見合った適正な従業員数であるか，「適正従業員数＝（付加価値額×労働分配率）÷１人当たり人件費平均額」の確認は，生産性と賃金（成果配分賃金）の原点である。

第 **3** 章

採用から退職まで，
新・人事制度の実務運用

採用から退職事務処理までの一連の業務は，
人事の定型課業である。事務処理にあたって
は，労働基準法などの法的規制もあり，法律
に抵触しないように運用で対応しなければな
らない場合も多々ある。

本章では，その実務運用のポイントについ
て述べる。

1 / 新卒採用と中途採用

1－1　能力・役割・成果主義時代の新卒，中途採用のポイント

中小企業にとって人材確保は切実な問題である。新卒者の採用難，中途採用者のキャリア信頼性確認，派遣労働者の活用など，人材確保にはさまざまな問題がある。なお，雇用形態は大きく3つに分類できる。

- 定期採用（新規学卒者）
- 中途採用（即戦力＝専門職，アルバイト，契約社員，派遣社員のスカウト
　　　　　採用，管理職・経営者のヘッドハンティング）
- 通年採用（定期・中途採用の区分をなくし，1年中採用活動を展開）

1－2　これからの新卒採用の留意点

(1)　「ゆとり」を求める世代の採用

採用の本音をいえば，採用面接を何度行っても仕事に対する意欲や業務推進力などの本当のところは分からない。応募者も都合の悪いことは聞かれても本当のことを積極的に答えない。実際に使ってみてはじめて当たり外れが分かるものである。新規学卒者についてはインターンシップ（在学中に企業などで一定期間就業体験を行う教育制度）の普及があるが，これも2～3週間では本当のことは分からない。

そこで，採用担当者の勘に頼っていた従来の採用を「見える化＝データ分析」し，応募者の就職意識を知り，採用作戦を練ることが必要である。リクルートキャリアが，新卒学生に入社後を見据えて情報収集した項目（複数回答）の調査結果[6]を発表した。就職活動を振り返り入社予定企業の就職に対する回答集計を見ると，次のとおりである。

新卒学生が積極的に情報を収集した項目は，当然ながら1位に「仕事の内

容」80.5％，　2位「労働時間・休日・休暇」62.1％，　3位「給与・年収」60.9％，　4位「勤務地」56.5％，　5位「会社の将来性」48.9％と，大方の予想どおりの順番である。

　また，入社予定の会社に納得していない項目は，　1位「仕事内容」59％，　2位「労働時間・休日・休暇」43.4％，　3位「勤務地」36.4％，　4位「給与・年収」35.2％，　5位「自分のスキルや能力が活かせるかどうか」29.3％であった。

　筆者が注目したのは，「自分のスキルや能力を活かせるか否か」の項目である。終身雇用から半身雇用への時代，これからの新卒者は人生三毛作を生き抜かなければならない。一毛作の時点で自分の能力やスキルを冷静に判断しようという意図が見え，就職の概念も変わったように思える。巷ではサラリーマンの能力格差は広がる一方であり，賃金処遇にも差がつく個別成果主義の時代に入ったといわれている。これらの働く側の労働観を受けて，企業はどのような採用戦略を立てたらよいのだろうか。若者も熟年もシニアも，ゆとりとやりがいを持って働けるクリエイティブな人事制度の確立が必要になっている。

　日本の働き方改革は残業の削減や休暇の取得推進など，働き過ぎを改め私的な時間を確保することに主眼を置いている。仕事と生活を調和させるワーク・ライフ・バランスが進む中，私的な自由時間を持ち，この贈り物をいかに有効活用するかは，その人の人生にとってかけがえのない財産ともなろう。この財産の使い方はその人の裁量権に任されている。一方で，働き方や能力の発揮に創造性や付加価値が求められる今，成果は必ずしも時間に比例しないはずである。ワーカー業務（マニュアル業務）などの単純な繰り返し業務は，いずれはIT（情報技術）に取って代わることだろう。また，ITによってサラリーマンの働く場所の自由度は広がっている。

　次に示すのは，若者の就職観とワーク・ライフ・バランスの就職意識調査結果（2018年5月1日公表）[7]の抜粋である。「あなたの「就職観」に最も近いものはどれですか？」という問いに対し，　1位「楽しく働きたい」29.7％，　2位

6　リクルートキャリア「就職白書2019」（https://shushokumirai.recruit.co.jp/wp-content/uploads/2019/02/hakusho2019_r.pdf）（2019年2月25日最終確認）。

「個人の生活と仕事を両立させたい」26.2％，3位「人のためになる仕事をしたい」16.1％，4位「自分の夢のために働きたい」11.0％，5位「プライドのもてる仕事をしたい」6.6％，6位「社会に貢献したい」6.0％，で，「出世したい」は僅か1.1％に過ぎなかった。「ゆとり」を求める社会が到来している。組織は新世代のゆとりを求める人材を受け入れ，戦力化をしなければならない。

　これからは従来のような個人の自由や生活を犠牲にするような労働環境では，人材は採用できない。人事部門においては，仕事の楽しさを演出できる能力も「できる管理者」の能力になろう。したがって，求人案内にも，ゆとりを持ち，人を大事にし，楽しく働ける職場であることの掲載が必要である。

⑵　新規学卒者のジョブ型採用の留意点

　新規学卒者の採用については，新型コロナウイルスの感染拡大を機に，オンラインによる会社説明会や動画による面接など，企業の採用活動の手法が大きく変わりつつある。良い人材を採用するには，経営方針や応募資格要件を明確に公開することは企業や応募者双方にとって無駄もなく有益なことである。採用したい職務や人材像を事前に示す「ジョブ型採用」は，これからの採用の基本軸になると思われる。

　新規学卒者の初任給においても，これからは企画職，経理職，営業マンなどの採用職種によって異なるジョブ型，または働き方を大くくりした職群管理制度の職群別初任給が定着していくものと思われる。しかし一部，医療，福祉，介護職関係の産業においては職種別採用は疑問もなく当然として実施されているが，文科系，理科系などの一般企業においては，新規学卒者は将来の可能性を期待している者で即戦力者ではないため，入社時点で職種を限定できないことが多いのが現状である。企業内で教育し，内部労働力としてストックし活用する人材群であり，戦力化するまでには相応の時間がかかる。したがって，新規学卒者採用については学校の偏差値や学業成績を評価し，採用ミスを極力最

7　2018年卒マイナビ大学生就職意識調査（https://saponet.mynavi.jp/news/news_file/file/column-608_001.pdf）（2019年2月26日最終確認）。

小限に抑えるように努力している。綺麗ごとで次のようなことをマスコミなど
にPRしている企業もあるが，どこまで本当なのかは怪しい。

- 学校名を伏せて採用選考を行う。本人の実力次第
- 学業成績は関係なくあくまでも本人次第
- 家庭環境などは職務遂行能力に関係ない

(3) 面接時の留意点

　適性や能力に関係がない質問は就職差別につながる。「あなたの愛読書は何
ですか？」，また「尊敬する人は？」などは，人柄を知る意図であっても不適
切な質問ととられる。厚生労働省は「人権教育・啓発に関する基本計画」の中
で「雇用主に対して就職の機会均等を確保するために公正な採用選考を行うよ
うに指導啓発を行う」として，就職差別につながるような質問はしないように
指導をしている。たとえ面接をする側が「緊張を解くための単なる雑談」と考
えた質問であっても，仕事に直接関係のない個人情報の収集は違法である。

　また，住まいの環境状況や本籍地などの確認は同和問題の観点からも不適切
であり，また親・兄弟の職業，支持政党，宗教，愛読書などの質問は思想に関
わる問題でもあり，質問をしても作文に書かせてもよくない。このように面接
での不適切な質問には注意をしなければならない。企業は丸裸の状態で採用に
臨まなければならない。新卒ばかりではなく中途採用においても，職務遂行能
力の確認だけでよいのだろうか。新卒者についてはインターシップ制度もある
が，最低3ヵ月間の期間は必要である。人材になり得る人間をどう見つければ
よいのだろうか。イメージ採用が本音で，実際のところ人材の質の判断ができ
ない状態にある。

　その他，新規学卒者の採用にあたり，厚生労働省調査による各企業が重視し
ている項目は，「コミュニケーション能力」「主体性」「チャレンジ精神」「協調
性」などである。一方，「専門性」「学業成績」は比較的低い評価である。企業
内での人材育成を重視する結果としての回答と思われるが，新規学卒者の専門
性への期待が低い。各企業の期待像には若干の違いはあるにしても，入社後の
成長力に期待をし，人間性や人物像に重きを置いて選考をしている。こうした

状況は10年来大きく変化はしていないとしている[8]。

　企業が新卒採用選考をする際に大切なことは，まず，その応募者が会社員として企業の期待像を理解して行動することができるかどうかである。

　新規学卒者採用時の書類選考，面接時のチェックポイントを挙げれば次のとおりである。

- 履歴書の写真…感じの良いリクルートスタイルか，印象は（写真写りは）良いか
- 行動力…学業・クラブ活動，趣味・スポーツ，ボランティア，資格免許の取得など
- 仕事に対する意欲…元気さ，熱意，チャレンジ度，向上心，関心のある職務，希望理由など
- 質問の理解力と話す力（表現力，説明力）…自分の意見,話し方や内容など
- 印象，人物（誠実さ）…第一印象，品格，言動の信頼性など
- 協調性…組織の一員として働く協調性はあるか
- 業界への関心度…業界を研究している度合い，役立つ知識，技術，技能の保有度など

　超人手不足の中，学卒者，若者の就職ニーズは大手企業中心に向いており，安定志向が強く，中小企業における新規学卒者の採用は難関である。中小企業の中には新卒者採用を諦め，最初からセカンドキャリアに焦点を絞り成功している事例もある。

　大手企業においても，新卒採用が難しいからといって頭数だけを集めているわけではない。人材の資質と可能性ある人間をいかに見つけるかは難問であり，正直のところ分からないので勘に頼っているというのが本音と思うが，採用ミスをいくらかでも防ぐため人事マンが留意してきた採用時のポイントがある。それは，成績証明書を確認することである。厚労省調査によると，各企業の「学業成績」への信頼度は比較的低い評価であったが，なぜかである。

8　厚生労働省「第2章 企業における人材マネジメントの動向と課題 」（https://www.mhlw.go.jp/wp/hakusyo/roudou/14/dl/14-2-2.pdf）（2019年12月3日最終確認）。

三菱商事での新卒見込み者の成績証明書の徴求が話題になったことがある。応募者の努力状況が一目で分かるからである。成績の良し悪しを見ているわけではない。努力できる人材であることが読み取れるかが重要な鍵になる。例えば，成績が悪くてもきちんとした理由があれば書類選考合格である。「ある研究に没頭していた」「クラブ活動に熱中し勉強をしなかった」「アルバイトで勉強できなかった」などのように理由があればよい。これからの職務の厳しさに耐えられるか，頑張れるかを推察しており，人材の可能性についておおよそ判断できるからである。学業成績が良いということは，一般的にいえば努力することができる人材と解釈できる。

一方，成績劣悪者の可能性判断は何をチェックするのかである。なぜ成績が悪いのか。何かクラブ活動やスポーツ一筋に打ち込んでいたというのであれば，それはそれなりにしっかりとした理由である。

問題学生は，勉強もアルバイトもクラブ活動もスポーツもやらず，何もしていない。このような学生は最悪である。黄金の時間をただ無駄に過ごした学生は，お荷物になる可能性が大である。

- 成績証明書の徴求は卒後3年以内の応募者に義務づけることが人材採用のコツである。
- 学校の偏差値（レベル）は重要である。一流校の学生でも外れもある。しかし，これも確率の問題であり，一流校を卒業したということは，頑張り，努力できる人材であるとの評価である。
- 売り手市場の職種別採用（ジョブ型採用）は即戦力者であり，その仕事ができれば良い専能職，専任職であり，成績証明書は不要である。大切なのは，ミスマッチ採用を避けたければ勘に頼るのではなく，応募資格要件の明確化が必要である。

1-3　中途採用の留意点

良い人材を見つける方法はあるのだろうか，中小企業の多くは人手不足の折，質の選別どころではないという。中途採用の目的は即戦力者の採用である。応募者の職務遂行能力判定の材料は元勤務先の社格，業務経歴，資格免許などを

参考に，適性検査，面接などで選別しているのが一般的である。

　新規学卒者はインターシップ制度である程度の成功確率を担保することができるが，中途採用はそれができないので6ヵ月または1年間は契約社員採用としての取り扱いが望ましい。求職者および会社側，双方の観察期間としての取り扱いとする。

　経営側から見れば，この期間は人材活用，処遇に必要な人事情報を収集するという意味からも大切なことである。

　中途採用のミスマッチを防ぐために，面接では履歴の確認はもちろんのこと，専門能力（習熟・修得能力）の有無の質問は必須要件である。そのためには「職種別等級別職能要件書」「職種別役割要件書」の作成，整備が必要である。「職種別等級別職能要件書」「職種別役割要件書」があれば職務遂行能力の相当程度を判定することができるからである。

　中途採用時の書類選考，面接時のチェックポイントは次のとおりである。

- 応募者の話し方や態度，風貌に惑わされて，能力の判定が誤ることがないように注意する。
- 学歴に惑わされぬこと。一流企業に就職しても務めきれなかった人もいる。一流大学，大学院卒業者採用は当たり外れが少ないという安心感がある。しかし，中には例外者もいるので注意を要する。頭が良いのと仕事ができる，応用展開ができるのとは異なる。
- 退職理由は概して綺麗ごとの回答が多いので注意を要する。左遷人事の不満，組織になじめない，自己評価が高いなど，組織内で処遇されていない者の応募者が多いことを理解し，人材として受け入れる価値を冷静に判断することが肝要である。
- 印象，品格，風采，身なり，言語，健康などを重視する企業が多い。職業適性から考慮すべきであろう。

　以上，要約すると，学歴や表面的なしぐさで「仕事ができそうだ」「劣っている」との思い込みは危険である。

　中途採用者の面接では「心に残る成功体験と失敗体験」の質問が欲しい。特に失敗体験については，「この経験を次の仕事にどう活かしたのか」の確認が

大切である。相応の能力がなければ，失敗から立ち直り，業務改善や行動改善はできないだろう。

実技演習や試験での能力判定も有効である。職務経歴だけの確認では真実との保証がないことに留意する。

1－4　試用期間と能力資格等級の格付け

採用は，書類選考や面接および能力・成績見込み（新規学卒者）を総合評価したうえで選考される。しかし，合格者といえども彼らが自社の人材になり得るか否かは分からない。職務遂行能力や仕事への熱意・意欲の有無，規律性，責任性は期待したとおりか，実際に働いてもらわないと分からないのが事実である。

そこで，採用後一定期間，社員としての適性判定の観察期間として試用期間がある。試用期間の定めは何も法律上特に規制があるわけではないが，３ヵ月程度が多い。この試用期間は，労働者側から見れば募集処遇条件の確認期間ともいえる。

職能資格等級制度，役割等級制度導入企業における等級格付けは，職能または実力（今何ができるか）のレベルに応じて行う。職能要件書，役割要件書を基準に等級ランクをチェックするが，上か下か迷った場合は１ランク下の等級に格付けすることを基本とする。また，入社６ヵ月または１年未満者の勤務者の等級格付けは仮等級格付者として取り扱う。

入社間もない者の能力や実力評価は情報も乏しく正しく評価ができないため，最低でも６ヵ月または１年間程度の職務遂行実績が必要である。したがって，職務実績や行動事実の確認には猶予期間を置いて本格付けを行うのが正しいやり方である。

1－5　中途採用者の年収保証

年収は保証でも，入社後２～３年，実力が分かるまでは基本給額は慎重に算定することが望ましい。職能給または役割給導入企業においては職能資格等級または役割等級の格付けを抑え気味に，上か下か迷ったら下の等級に格付けし

て基本給を決めるようにする。年収保証は賞与と調整給で調整する。

　入社後，3年以内に能力・実力に見合った職能資格等級または役割等級を評価し等級の本格付けを正式に行い，賃金号俸の修正を行うのが正しいやり方である。

2 / パートタイマーの採用と賃金

　パートタイマーとは何かを，まずハッキリさせておかなければならない。パートタイム労働法（「短時間労働者の雇用管理の改善等に関する法律」）の対象である「短時間労働者（パートタイム労働者）」は，1週間の所定労働時間が同一の事業所に雇用される通常の労働者の1週間の所定労働時間に比べて短い労働者とされている。例えば，「パートタイマー」「アルバイト」「嘱託」「契約社員」「臨時社員」「準社員」など呼び名は異なっても，この条件に当てはまる労働者であれば「パートタイマー労働者」としてパートタイム労働法の対象となる。また，労働基準法第9条の労働者の定義では「労働者とは職業の種類を問わず事業又は事務所に使用される者で賃金を支払われる者」でパートタイマーは労働基準法の労働者であり，最低賃金法，労働安全衛生法，労働災害補償保険法等の労働者保護法令も当然に適用になるとしている。

2-1　2種類のパートタイマー

　労働基準法第14条では「労働契約は，期間の定めのないものを除き，一定の事業の完了に必要な期間を定めるもののほかは，3年（次の各号のいずれかに該当する労働契約にあっては5年）を超える期間について締結してはならない」と定めている。

　すなわち，労働者は労働契約期間の定めがない者と期間の定めのある者との2種類あることになる。労働契約期間の定めのないパートタイマーとは，フルタイマーの正社員と同様に就業規則で定められている定年年齢までは辞めさせることができず，正社員と同様の身分的取り扱いを受ける者である。違いは労働時間が短いという点だけである。もう1つは労働契約に期間の定めのあるパートタイマーで，1年もしくはそれより短い期間の労働契約を締結した者，場合によってはその契約を反復更新している者である。

　フルタイマーでありながら，パートタイマー的な取り扱いを受けているパー

図表 3 - 1　パートタイマーの区分

労働契約	フルタイマー	パートタイマー
期間の定めがない者	正社員	短時間勤務，正社員
期間の定めがある者	季節工，臨時社員，臨時工，嘱託，契約社員	パートタイマー＊

トタイマーがいる。これらのパートタイマーは労働契約に期間の定めがあるフルタイマーで，季節労働者，臨時社員，臨時工，嘱託，契約社員などがこの範疇の労働者に該当する。

　以上，パートタイマーの賃金設計上のポイントは労働時間が正社員より短いという点にあるのではなく，労働契約に期間の定めがあるという点にある。そして，その労働契約の期間は3年を上限としている。

2－2　パートタイマーの賃金の留意点

　ここでは上記で確認した期間の定めがある＊印のパートタイマーの賃金の決め方を考える。まず，パートタイマーは労働基準法に定める労働者であることを確認したが，労基法では最低賃金法に定める水準を下回った賃金をパートタイマーに支払うことができない。最低賃金は都道府県別に毎年決められ，日額と時間額で表示されている。ただし，次のものはその額に算入されない。
- 精皆勤手当，通勤手当，家族手当
- 臨時に支払われる賃金
- 1ヵ月を超える期間ごとに支払われる賃金
- 時間外労働，休日労働などの割増賃金

　2021年度の地域別最低賃金は，全国平均で時間額930円，最低820円（高知県，沖縄県），最高1,041円（東京都）となっている。

2－3　パートタイマーの賃金水準

　パートタイマーの賃金は時間給で決められているのが一般的である。時間給の水準はパートタイマーに対する需要と供給，地域，職種によって格差がある。

図表 3 - 2　首都圏の職種別平均時給相場[9]（2020/4〜6）

【職種別平均時給（首都圏）】 ※単位＝円	首都圏	東京	神奈川	埼玉	千葉
オフィスワーク（事務）	1,125	1,167	1,157	1,031	1,009
クリエイティブ・エンジニア	1,411	1,467	1,368	1,300	1,099
フード・飲食	1,025	1,067	1,045	968	973
小売・販売	1,021	1,071	1,042	961	965
施設サービス	1,089	1,123	1,083	1,005	1,013
営業	1,138	1,178	1,117	1,177	1,033
軽作業・物流・製造	1,035	1,076	1,069	968	961
家事・保育・習い事	1,378	1,315	1,377	1,592	1,455
調査・ポスティング・イベント	1,158	1,252	1,118	1,015	1,072
理美容・リラクゼーション	1,069	1,114	1,030	1,011	1,038
医療・看護・介護	1,183	1,217	1,172	1,137	1,158
その他	1,117	1,175	1,107	990	1,015

　パート社員の賃金水準を賃金理論で説明すれば，仕事の価値＝賃金であるため，通常，年齢や勤続年数により賃金が上昇することはない。仕事の価値が変われば昇降給が発生する。しかし，実際には正社員の定昇，ベアとの兼ね合いを勘案して定昇，ベアを実施している企業が多い。ただし，パートタイマーは有期の労働契約を締結しているため，賃金の改定は労働契約の更改時に単価を改定するケースが多い。問題になるのが，賃金表がないところが多いため，どの程度昇給させるのか，させないのか，といった判断が難しいのが実態である。

　人件費の流動化をはじめ，今後の人件費管理の鍵を握るのがパート（非正規）社員の管理である。優秀なパート社員の確保と定着および人材活用を考えれば，正社員に準じて自社独自のパート賃金表を設計しておくことは，これからの重要な企業戦略でもある。

9　しゅふJOBパート「最新パートアルバイトの平均時給」（https://part.shufu-job.jp/business/details/761）（2020年10月29日最終確認）。

次に，パートタイマー人材活用のための働きがいのある賃金表作成の留意点を挙げれば，次のとおりである。

2－4　パートタイマーの賃金設計

　パートタイマーの賃金設計の手順は，まず賃金スケールのベースになる『職務資格等級フレーム』を作成することがスタートになる。同一企業内で職能給と成果主義賃金が混在する中において，職種によってフレームを別体系にせず，全職種1本で作成するなどは企業政策で決める問題である。できれば，同一資格同一賃金のフレームを作成し，皆同じ土俵の中で期待像に挑戦させることが望ましい姿である。

　しかし，現実の問題は，薬剤師，SE，運転手，調理師，看護師などの社会特性の強い職種集団の賃金は社会相場で決まることから，企業内の資格等級の格付けは社会的相場賃金額に留意し，初任資格格付けを何等級にするかを必然的に決めることになる。その詳細は，次に示す職務給の賃金設計実務手順に

図表3－3　パートタイマー職務資格等級制度（例示）

職層	等級	理論モデル	等級定義	初任格付け
指導監督職能	4	34歳　⑥	<u>初級指導監督職・初級判断業務</u> 自らも判断業務を遂行し熟練を要する業務を遂行すると共に一般職員をリードしている段階	薬剤師 看護師 SE リーダー格
一般職能	3	28歳　⑥	<u>複雑定型，熟練業務</u> 概括的指示により経験と熟練によって行う複雑な定型業務を遂行している段階。2等級，3等級資格者をリードしている。	営業 事務企画職 プログラマー
	2	24歳　④	<u>一般定型業務</u> 一般的指示，または定められた基準に従い多少の経験によって行う一般定型業務を遂行している段階。	運転士 調理師 栄養士 事務職
	1	20歳　④	<u>補助・単純定型業務</u> 具体的指示または定められた手順に従って補助及び単純定型業務を遂行している段階	無資格

よって進めることになる。

(1) パートタイマーの賃金の基礎となる職務給

人を処遇するには，仕事で処遇するのか，それとも能力で処遇するのかの2つに1つの選択になる。仕事の価値で処遇するのは誰の目にも分かりやすい。職務給該当者は，一般的には社会的特性の強い職種・職人の集団である。しかし，役割・成果主義人事のもと，仕事基準で人を採用して人件費の効率化を推進するため，パート活用の需要が非常に高まっている。社会的特性の強い職種・職人の賃金は一企業内だけで決めることが難しい。その他の職種については，正社員モデルを基準に人事考課を加味した時間給を計算する企業が増えている。そのため，一般正社員のモデル賃金との兼ね合いを考えながら，パートタイマーの職務給サラリースケールを設計する。

まず，サラリースケールを設計するには，理論モデルを決めなければならない。このケースは無資格者を1等級に置き，最高を4等級のリーダー格としてスケールを設計している。無資格者で雑用業務に従事していても，人事考課結果が良ければ（モデル者＝成績優秀者）④年滞留で2等級の153,400円に昇格する。同様に，優秀者は2等級④年滞留で3等級に，3等級滞留者は⑥年滞留で4等級に昇格する。昇格の都度，初号賃金は昇給する。職務給は習熟昇給のないシングルレートで設計されるのが理論だが，他の正社員との兼ね合いやモチベーションおよび世間水準の動向を考えると，職務給該当者であっても経験給的な習熟昇給を政策的にセットしておくことがベターである。したがって，

図表3-4　職務給サラリースケールの設計（例示）

等級	理論モデル年齢	初号賃金	習熟昇給	昇格昇給	上限年数	上限賃金	備考
4	32歳　⑥	172,600	1,600	3,600	6	182,200	リーダー格
3	26歳　⑥	160,600	1,400	2,400	6	169,000	営業職
2	22歳　④	153,400	1,200	2,400	4	158,200	事務職
1	18歳　④	147,000	1,000	―	4	151,000	無資格者

図表 3 - 5　職務給賃金表（例示）

等　級	経験年数	職務給		
		A評価	B評価	C評価
1	0	147,000	147,000	147,000
	1	148,200	148,000	147,800
	2	149,200	149,000	148,800
	3	150,200	150,000	149,800
	4	151,200	151,000	150,800
2	0	153,400	153,400	153,400
	1	154,900	154,600	154,300
	2	156,100	155,800	155,500
	3	157,300	157,000	156,700
	4	158,500	158,200	157,900
3	0	160,600	160,600	160,600
	1	162,300	162,000	161,700
	2	163,700	163,400	163,100
	3	165,100	164,800	164,500
	4	166,500	166,200	165,900
	5	167,900	167,600	167,300
	6	169,300	169,000	168,700
4	0	172,600	172,600	172,600
	1	174,600	174,200	173,800
	2	176,200	175,800	175,400
	3	177,800	177,400	177,000
	4	179,400	179,000	178,600
	5	181,000	180,600	180,200
	6	182,600	182,200	181,800

＜2割展開＞　1等級：1,000円×0.2＝200円
　　　　　　2等級：1,200円×0.2＝300円
　　　　　　3等級：1,400円×0.2＝300円
　　　　　　4等級：1,600円×0.2＝400円

初号から上限賃金の幅のあるスケールを設計する。

　理論モデル年齢は，期待像である。例えば，無資格者は④年経ったら２等級に昇格して，事務職の仕事を遂行して欲しいという期待像を意味している。また，年齢は例示だが，高卒者は18歳で１等級スタートを意味しているに過ぎない。したがって，40歳で１等級のスタートラインに立つ人もいれば，50歳の人もいるかもしれない。例示では，18歳で入社し，理論モデルどおりに昇格した者は32歳で４等級に昇格後，在級６年38歳で上限賃金に到達する。それ以降の昇格は，職能資格等級制度のホワイトカラーに職群転換をすることにより最高の９等級までの昇格が可能となる。

　図表３−５の「職務給賃金表」は，人事考課３段階評価（A．B．C）に展開した１年キャンセル方式の賃金表である。経験０年をスタートに習熟昇給を２割展開で賃金表を作成している。B系列には，前年の職務給額に各等級別の標準昇給額を順次上限賃金に到達するまで加算している。１等級の場合は1,000円を加算している。例えば，１等級１年経験者の人事考課がBの場合は，経験０年の職務給額147,000円にB評価の標準昇給額1,000円を加算した148,000円である。なお，A評価の場合は標準昇給額1,000円＋（1,000×0.2＝200円）＝1,200円を加算し148,200円となる。逆に，C評価の場合は標準昇給額1,000円−（1,000×0.2＝200円）＝800円を前年の職務給額に加えた147,800円となる。

⑵　職務給からパートタイマー時間給の算定の仕方

　職務給賃金表ができたら，この賃金表をベースにしてパートタイマーの時間給を算定する。図表３−６の前提は以下のとおりである。
- 時間賃率の計算は「月額賃金÷168時間（１ヵ月の労働時間）」（１ヵ月の労働時間は企業によって異なる）
- ５円単位（2.5円以上の数字は５円とする。7.5円以上は10円に切り上げて計算）

　実際のパートタイマーの時間給の適用においては，地域におけるパートタイマー人材の需要と供給の状況を判断し，経験年数別にS〜Dの賃金表のどこを適用するのかを決めなければならない。無資格者の求職においては通常，無資

図表 3 - 6　1 等級パートタイマーの時間給（例示）

（単位：円）

考課結果＼経験	4 年	3 年	2 年	1 年	0 年
S	990	985	980	970	965
A	945	940	935	925	920
B＋	900	895	890	880	＊875
B	855	850	845	835	830
B－	810	805	800	795	790
C	770	765	760	755	750
D	720	715	710	705	700

（左端に「無資格者」の見出しあり）

※＊875円＝1等級，経験0年，職務給月額147,000円÷168時間＝＊875円となる。
※875円を人事考課で展開している。
　S＝1.1，A＝1.05，B＋＝1.0，B＝0.95，B＝0.9，C＝0.85，D＝0.8（Dの係数は政策による）

格者経験0年700円でスタートし，その後人事考課を積み重ねた時間給となる。経験年数を加算することで昇給を行うか否かはあくまでも企業政策である。以上のように，無資格者のパートタイマーの賃金も優秀人材の確保と定着のためには，勤務成績による幅を持たせた基準を用意しておくことが必要である。

(3)　パートタイマーの賞与，退職金の考え方

　正社員には賞与を支給しているが，パートタイマーには賞与は出していない企業が多い。しかし，地域の状況はどうなのかを確認して，他社比較で負けないように対応することが必要である。パートタイマーは，特に世間動向に敏感に反応するからである。賞与という形では支給しなくても，正社員の賞与支給時に寸志とか金一封などの名目で支給しているところもある。「令和3年度パートタイマーに関する実態調査」（東京都労働相談情報センター）によると，賞与について「ある41.9％」「ない49.3％」，賞与があると答えたパートタイマーで5万未満55.6％，平均5.97万円である。

　退職金については，パートタイマーの就業規則や労働契約では，多くの企業で原則として支給しないと規定しているところがほとんどだが，特別功労が

あった者には金一封の功労金を支給する程度の条文があったほうが励みにもなる。いずれにしても，企業ニーズで考える問題である。

⑷　パートの職務評価の方法

　仕事には深まり，高まり，広がりがあり，それを仕事の難易度と呼んでいる。仕事の難易度は，一般的に次の5ランクに分類することができる。

図表3-7　仕事の難易度基準

難易度区分	定義
A	補助・単純定型業務
B	事務・作業業務（一般定型判断熟練業務）
C	非熟練判断指導監督業務
D	企画立案管理業務
E	政策・決定・統率・答申・決済業務

　さて，上記の難易度区分基準に照らしてパートタイマー職種の職務レベルを考えれば，せいぜいABCの3ランクの難易度区分の職務に従事することになる。先に示した職務資格等級制度で説明すると，仕事の深まり，高まり，広がりは次の習熟度タイプで決まる。

図表3-8　習熟度の指定

習熟度指定	習熟度記号	指定記号	習熟度タイプの定義
深い	ハ	援・独・完	1年から2年で「援助を受ければできる」，続く2年から3年で「独力でできる」，続く3年から4年たって「完全にできる」ようになる仕事
中間	ロ	独・完	1年から2年で「独力でできる」に達し，続く2年から3年で完全にできるようになる仕事
浅い	イ	完	1年から2年以内で完全にできるようになる仕事

習熟度記号の選択に迷ったときには，下の記号を使う。例えば，採用事務は
「ハ」か「ロ」か迷ったときには下の「ロ」とする。
　採用業務は一般定型判断熟練業務Ｂ，習熟度指定では「中間」習熟度記号
「ロ」指定記号「独・完」と判定したので「Ｂ－ロ」，等級指定（職務評価）の
選択では３等級業務と職務評価が決まる。

図表3-9　難易度区分と習熟度の関連

難易度区分	習熟度	等級指定
A	イ	1等級
	ロ	2等級
B	イ	2等級
	ロ	3等級
	ハ	4等級
C	イ	4等級

難易度区分と習熟度の関連を確認して欲しい。
- 「援助を受けてできる」とは，上司や先輩の援助を受けながら一定の範囲
　でミスなく業務遂行ができるの意味。
- 「独力でできる」とは，指導や援助がなくても少しは範囲を広げながら1
　人でミスなく業務遂行ができるの意味。
- 「完全にできる」とは，かなり広い範囲で後輩の指導もでき，状況変化に
　対応することもできるの意味。
　以上のように順序を追って難易度区分，習熟度の指定，難易度区分と習熟度
の関連の３つの判定を行い，職務評価を実施することになる。

第 4 章

人材育成論とその実際

「企業は人なり」この言葉に異論を唱える経営者はいない。しかし，人材育成のキャリアパス制度があり，能力・役割等級別にキャリアアップ研修など能力開発を制度的に実施している企業は，一部の大企業に過ぎない。

人材は育つものなのか，それとも育てるものなのか。何もしなければ，何も起こらないのではないかとの議論があるところである。

本章では，この根源的な問いについて考える。

1 / 経営理念から探る期待する人材像

1－1　経営理念とは何か

　経営理念の実態はスローガンである。コンサル時，幹部社員に行動規範など
について質問をしても正しく答えられる社員はいない。朝の朝礼時に毎日唱和
していても，その意味を理解して行動している社員はおそらく皆無である。こ
の経営理念を大切に考えているのは，おそらくオーナー経営者と一部の役員に
過ぎない。

　創業の精神を忘れずに社員一同皆同じ行動を取ることを願うのであれば，一
般社員にも分かりやすく，行動規範としてコンピテンシーのディクショナリー
で明示することが必要である。そして，それを人事考課の情意基準とすること
が大切である。人事考課の情意行動も，多くの企業は自社の実態から離れ，各
社が取り上げている一般論の行動が多い。

　自社独自のディクショナリーの抽出には，もう一度経営理念の原点に立ち返
り，自社が求めている社会満足，社員満足を再検討する必要があると思われる。

1－2　経営理念の浸透

　新型コロナウイルスの感染拡大に歯止めがかからず，リモートワークの新し
い働き方が新常識となる中，世界各国は減速する経済の立て直しに向けての諸
支援策を打ち出すなど，経済の再生に躍起になっている。この難局に労使はい
かに対峙したらよいのか，その問題解決のよりどころが経営理念である。

　経営理念を分かりやすくいえば，「自分たちはどうありたいのか，何のため
にこの企業で働いているのかといった志や使命を表すもの」あるいは「自分た
ちが勤める企業の社会的な存在価値や存続意義を表すもの」と定義することが
できる。

　すなわち，自分たちの会社はなぜ存在するのか，何を目的に企業活動をして

いるのかといった「企業としての活動信念，創業の精神」と解釈することができる。そして，その信念を実現するために，社員1人ひとりが固く信じて守るべき信条，これを「行動規範」と呼んでいる。

(1) 経営理念共有の意義とは

経営理念を全社員が共有する意義とは何か。ステークホルダーとなる「経営者」「社員」「社会」という3つの視点から，その意義を考えてみよう。

① 経営者にとっては経営の判断基準

経営者にとって経営理念は，経営の判断基準である。経営者は意思決定の連続であるため，判断に迷ったときに，経営理念に立ち返って考えることができるからだ。経営者は経営理念を企業の指針として，戦略・戦術を立て，そして実行する。理念として記述してある内容と矛盾をした意思決定を行って行動したとすれば，その企業は生きざまを曲げたことになる。理念は差別化戦略ともいえるものである。他社と違った存在を守ることは大変であるが，だからこそ特別の存在になる。

しかし，理念と違った方向に舵を取ると傲慢になり，他社と大して違わない企業になってしまう。差別化を失った企業の行く末は厳しい。

② 社員にとっては働く誇りとなる行動基準

行動基準には，大別して2つある。1つは「道標」である。「自分たちはどちらに向かっていくのか」「何を大切にして，どう行動したらよいのか」これらの答えが経営理念にある。

もう1つは，「この企業で働く誇りと喜び」である。社員は，ただお金のためだけに働いているのではない。自分たちの仕事が，どれだけ社会の役に立っているのか，貢献しているのかという意識と手ごたえ感が働きがいにつながる。人間は自分の存在価値，存在意義に対して敏感である。集団の中において自分の存在が認められていると感じると安心し，心地良さを感じることができる。

しかし，「いてもいなくても，どちらでもよい」という扱いを受けると,その集団の中にいることが楽しくないばかりか，心的にも辛くなる。近年のビジネスマンの中には働きがいを感じることができず疲れた人が多いが，これは経済

的な要因ばかりではない。社員が自分の勤め先に誇りを持てる組織は，強い人材に恵まれることになる。なぜならば，本当に優秀な人は金銭的なことばかりではなく，社会的意義を求めることが多いからである。

③ 社会にとっての意義

社会全体が豊かになることである。経営理念が目指すものは社会的価値である。多くの企業では「社会がより良くなる」ことを志に揚げている。志を1つにして，社員が一団となって行動すれば，社会は本当に良くなるはずである。

(2) 経営理念を共有する行動規範の作り方

経営理念をいかに社員と共有していくかは，企業の課題である。社員はどのようなことを心がけて働いたらよいのかを具体的に示すことが必要である。それが行動規範である。行動規範に則り，経営理念を意識して行動して実践すれば自然と顧客創造と社会満足につながり，自分自身の充実感,自己実現にもつながっていく。そのためにも行動規範は大切なものである。

行動規範の作り方には2つある。1つはトップダウン方式で経営者の思いを聞き出し，これが大切という行動を抽出して，規範として示すやり方である。もう1つは，経営理念に沿ったあるべき行動を社員全員で書き出し作成する方法である。

人材を活用するためにはまず人材を育てなければならないが，その人材育成の重要なポイントは「能力と人柄」の見分けである。人を育てるには道標が必要だが，その指針は経営理念であり，経営理念に基づいて人材活用戦略を実行しなければならない。社員は経営理念を共通の価値観として持ち，心を1つにして「いつも顧客満足，顧客の信頼」に応えられるよう，組織の一員として統一行動を取ることが求められている。

人材を育てるには試練の場が必要である。志を持つ者はどんな難問にもへこたれない。どんどんと難問を与えて，その反応を観察すると，有為な人材であるか否かおおよその見当がつくものだ。経営はスタッフがいつでも持てる力を全開できるように，あえて配置転換をしたりする。また，チャレンジ課題を与えて観察すると，問題解決のためにどのような手段や方法を選択するのかなど，

その人の本性が見えてくる。目標達成に向けての努力やプロセスが人を育てる。

　経営側は経営理念に基づく期待像（社員１人ひとりが持つべき意識と価値ある行動）を明確にしておくことが必要であり，また社員は自社が期待する人材像を理解し，その価値ある行動を意識して行動することが大切である。

1－3　期待する人材像の明示

　人材とは仕事ができるだけではない。人間にはいろいろな性格の人がいる。ようやく一人前として安心して仕事を任せられるようになったある日，突然，退職する人がいる。頭もいいし，仕事も決まったことはやる。トップは目をかけて育ててきたが，処遇への不満から，徒党を組んで処遇への不満や退職願いをぶつけてくる者も多々いる。特に免許資格者の集団（医療機関，施設など）は，常に今の労働条件の良し悪しで転職を繰り返す。将来思考に欠ける視野の狭い人が多いのも事実である。

　このような問題が起きないように，社員が経営理念に基づいた人材像として行動できるためには，経営は自社が目指す経営ビジョンや経営戦略・人事戦略などを公開しておくことが，最低限必要である。人事戦略では，こんな能力や実力を身につけ，この仕事ができるようになれば賃金処遇はこうなるという絵柄を見せることが必要である。期待する人材像，職能像の明示，公開も同様であるが，残念ながら中小企業の多くはそのような知恵を持たない。経営の基盤となる戦略・戦術は，アウトソーシングしてでもノウハウを身につけたい。

　人材とは仕事をする能力だけではなく，性格や素行，品性，健康，身なり，印象，言語の要件まで優れていることを昇進の資格要件としている企業もある。中小企業のあるトップから，これらを要件とすると自社の管理職は全員失格で，誰もリーダーがいなくなってしまうと一蹴されたが，期待する人材像，職能像を明示することは企業の成長の源でもある。企業の社会的責任が要求される現在，人材・職能要件の明示は企業の発展に付随するものであるといえよう。

2 / 人材育成の実際

2－1　人材の育成と適材適所での活用

　これからの企業経営の栄枯盛衰は人材で決まる。人材はまさに人的資源であり，この大切な人材をどう育て，適材適所での活用をいかに進めるかは経営の一大テーマである。

　人材を活用するには，まず人材を育てなければならないが，その人材育成のターゲットは能力と人格の2つである。さて，人を育てる道標になるのが経営理念である。全社員がこの経営理念を共通の価値観として持ち，心を1つにして顧客満足，社会満足のための統一行動を取らなければならない。

　人材を育てるには，まず場の提供が必要である。管理職候補者にはどんどんと課題をぶつけて，課題への挑戦の仕方，すなわち問題解決にどのような手段や方法を選択するのかを観察すると大概のことが分かる。目標達成に向けて努力をするプロセスが能力と人格を育てるのである。

⑴　人材とは学ぶ力を持つ人

　人材を育てるということは，今日の仕事をやるためではない。少なくても3年から5年先に必要になる未来業務のための人材育成である。そのときの新規事業の遂行に必要な人材を今から計画的，意図的に育てておくことを意味する。人材候補者はそのとき，その場に一番マッチした価値ある行動をとれる人である。また，自己の役割と成果を明確に理解しており，その目標達成に向けて果敢に行動を起こすことができる人である。これらの人は自ら学び，自ら行動を起こすことができる。そのような「自立した強い個人」を確立するには，多くの難問と修羅場を体験しないと力がつかない。同じ体験をした人でも学んで得るものは異なるが，それは学び方，学ぶ力の違いがあるからである。上司がいくら人材育成に熱心であっても，肝心の本人がその気にならないと教育成果は

上がらない。

　人材候補者の特徴を挙げれば，次のとおりである。

- 過去の成功体験や失敗体験から有益なヒントと教訓を得て次の仕事に活かしている。過去を現在に活かすことを考えることが上手で，「何からでも」「いつでも」学ぼうとする謙虚な姿勢を持っている。
- 自己の役割や使命感など本質的な気づきに優れ，課題の発見や問題解決につなげる気づきが優れている。
- 問題や知らないことにぶつかると，すぐにその場で吸収しようと努力をする。すぐに調べる。上司に聞く。また，分かるまで勉強をする。
- 人の話を聞いて理解するのと，自分で説明するのとでは理解度の深さに大きな違いがある。人に教えるためには教えを受ける人の倍の力がないと教えられない。教えることは自ら学ぶことを意味する。教える側の先輩や上司は常に新しさを学び続けなければならないし，内容も教え方も進化させなければならない。このように，常に新しさを吸収しようという強い気構えがある。

⑵　人材を適材適所で有効活用

　組織は経営目標を達成するために，最小の費用で最大の効果をあげられるように社員の有効活用を常に考える。特定分野の専門知識や技術・技能に優れた者は，その知識や技術・技能を活かす分野で力を発揮してもらう。企画力，判断力に優れた者は経営企画室で経営方針の策定や事業計画の立案を担当してもらう。また，快活で明るく折衝力のある者は営業業務を，体力がある者は力仕事の分野で働いてもらうことが適材適所である。適材適所の配置についての異論は聞かれないが，実態はトップとの相性もあり運・不運がある。

　自分は今，自分の仕事にどう向き合っているか。やりがいや生きがいを感じて，この大切な1日を完全燃焼しているだろうか。生活のために働くことは無論であっても，与えられた仕事に情熱をささげることができず悶々とした日を過ごしているとすれば，これほど本人にとっても組織にとっても不幸なことはない。

適性のない仕事に嫌々従事していたり，同じ仕事を長年やっていると知らず知らずのうちに惰性で仕事をやるようになる。一般的に，同じ仕事を7年以上やっていると，誰でもその仕事には慣れる。その結果，新たな勉強もしなくなり，惰性で仕事をやるようになる。特に目につくようになるのは，仕事への問題意識がなくなることだ。日常業務には慣れているので怖いものがなくなり，傲慢になる人もいる。人材を育てていくためには，仕事を変える，新しい役割を与えるなど，仕事に変化を与えることが大切である。人生には花の35歳〜40歳という輝く年齢がある。この年齢を進路選択の分岐点として，それまでにいろいろな経験を積ませることがとても大事だ。物の見方や考え方を広げることができる黄金の年齢である。

　この年齢帯にいる人材を活用するための留意点は適材適所への配置だが，そのためには「本人の希望」を踏まえて，いろいろな経験を積ませることが大切である。経営もジョブ基準を作成し，明示しておくことが必要である。その仕事には，どのような役割・職能資格要件が必要なのかである。キャリア面接，自己申告制度，公募制度，FA制度などの人事諸システムを整備しておくことも必要であろう。その他，社員の基本情報（保有しているスキル・キャリア）などのデータを整備管理しておくことが求められる。人事はこれらのデータを有効活用し人材活用戦略を立てる。

　費用対効果を考えた人材増強部署，必要な専門職とその人数，経営発展のために必要な分野の人材育成，アウトソーシングを行う分野，キャリア採用を行う分野など，人事はいかなる経営環境の変化にも，最小の費用で最大の効果をあげることを考える必要がある。

　リモートワークが新常識になりつつある現在，人事の役割も変わりつつある。

⑶　人材の育て方，活かし方

　強い組織にはそれぞれの分野を極めた専門家がいる。しかし，これらの専門家の多くは「ジョブ型採用者」である。スローガンや掛け声だけでは人は育たない。人を育てるためにはそれなりの道筋がある。人材は手塩にかけて育てるものであるが，中小企業には時間と財力がないし，できない。経営戦略とか戦

術は大切だが，それは大手や上場企業のことであり，中小企業では戦略や戦術を考えられる社員はいない。それは社長の仕事と一喝されそうである。

そこで，次の人材育成チェクリストを参考にして，自社は人材を育てているか，活用しているかを考えてみてほしい。

- 仕事の配分は公平か（人によりアンバランスが起きていないか），仕事の質と量に偏りはないか
- チャレンジ業務を含め，能力開発に結びつく仕事の配分になっているか
- 機会均等の仕事配分になっているか
- 年齢，経験などからみて，能力に見合った仕事配分になっているか
- 定型業務だけではなく，プロジェクト業務などの創造的な業務を意図的に与えているか
- 作業能率の観点からみて，効率的な仕事（課業）分担になっているか
- 組織的な効率の観点からみて，課業分担に問題はないか
- 責任の所在が不明確な課業の配分を行っていないか
- やらなければならない課業や必要な役割業務が抜けていないか
- 数年来全く同じ仕事しかやらせていないことで，惰性で仕事をやっていたり，モラルダウンが起きていないか

中小企業では仕事の選り好みは容認できない。何でもやり，裏切らない人，素直な性格の人など，人柄を重要視するトップが多い。また，オーナー企業では，トップとの相性が良い人が重要ポストで使われている。能力者の資格要件は選抜基準として有効ではあるが，オーナー企業では最後の決め手は相性である（筆者の立命館大学の研究結果による）。

⑷　人材育成のための目標づくり

人材育成の特効薬があれば苦労をすることはない。人材育成のマネジメント手法は目標管理（BSC）研修，面接訓練，人事考課者研修，コーチング研修，積極的傾聴法研修，リモート研修，人材育成先端教育など，巷には研修情報が満ちあふれている。しかし，往々にして自社の企業実態に即したこれといった決め手がない。

確かなことは，人材育成の主役はあくまでも本人次第である。本人が成長したいという気持ちにならないのではどうしようもない。また，日常業務で悩み苦しんでいる課題解決の糸口になる役立つ実務研修が少ない。本当に人が何かをなすときとは，本当に困ったとき，また自分はこうなりたいという希望目標があるときである。人間は何か目標を持つと自然と力が湧いてくる。その目標達成に向かって努力し，失敗と成功を繰り返しながらキャリアを作る。

　人材育成は，まず「自分はこうなりたい」という希望を持たせることから始まる。希望や夢を実現するには，本人の強い意思と上司や仲間の応援，協力があればこそである。人を育てるということは子女教育にも通じるところがある。良い子を育てるためには，温かい親のアドバイスや兄弟姉妹の応援，援助，協力があれば上手くいく。しかし，誰でも目標を持てば頑張れるわけでなく，他に同じ目標を持つ友達や仲間がいれば楽しく一緒に頑張れる。「あなたは，どうしてこのチームの一員になりたいのか」との質問に，「心を1つにして達成感や感動を味わうことができる仲間がいるから。また，どんなに辛い仕事でも良い仲間がいれば最後まで諦めずに頑張れる」と答えるチームメイトが多い。

　1つのチームの中で協働することは，人間として，また職業人，社会人として，人の機微を学び，調和を学ぶことができる。どんなに能力があっても，その能力を組織の中で認められなければ，その持てる能力を発揮することはできない。良い組織には向上心や上昇志向を持つ仲間が大勢いるが，これらの人たちはただ業務をこなすだけではなく，しっかりとした目標を持ち，その目標達成のプロセスの中から，かけがえのない自分に気づき，価値ある人生（キャリア）を自ら作り上げる努力をしている。管理者の最も重要な人材マネジメントは，「かけがえのない自分に気づく」ために，また，自立・自律性の確立のための良いアドバイスをすることといえる。

2－2　管理者の育成

(1)　人的資源の有効活用

　「リーダーはいつも格好よくなければならない」。

　筆者が会社員時代，上司がいつも語っていた言葉である。その上司は夢を語

るのが上手だった。だから，楽しい毎日だった。

　管理者には2つのタイプがある。1つはみんなの力を結集して組織として大きな仕事ができる人。もう1つはここぞと思う勝負どきに与えられた職責を確実にこなすことができる人である。管理者のマネジメント論を語るとき，管理者の部下掌握人材育成論は切っても切り離せない基本的課題である。

　このマネジメント論も時代とともに変化し，新しい部下の管理手法が編み出されてきた。特に新型コロナウイルス感染拡大の影響によって，リモートワークが普及し従来の仕事のやり方や仕事の価値観が大きく変わった。これらの変化の中でも，マネジメントの目的は「目標を最小の費用を以て最大の効果をあげる」ことであり，狙いは変わらない。すなわち，目標達成のための経営資源（人，物，金，システム，時間）の5要素を統合し経営資源の最大活用を図ることにある。

　なかでも，人的資源の有効活用は明日の経営を決める重要課題である。したがって，力のない管理者に人材育成を委ねるわけにはいかない。

　経営の神様といわれたドラッカーは，リーダーの要件として「責任」と「信頼」を挙げている。部下の失敗は上司の失敗と素直に受け止めるのが真のリーダーで，そうした誠実さが部下の信頼を得て，目標達成の裏づけになっているのだという。大切なことはリーダーの行動の一貫性である。また，リーダーの信頼は，いかなる場合でも部下より優秀であることから生まれる。優秀であればこそ，何を言っても部下はついてくる。すべての面において部下より優れていることは難しいことかもしれないが，1つだけでも部下より絶対に優れた美点を持たねばならない。部下はその美点に魅せられて，この上司にどこまでもついていきたいと思うものなのである。

　ここで，あなたへの質問である。「あなたのリーダーは格好いいですか」。

　夢を語れない者はリーダーには向かない。部下を引っ張っていくには，人の機微を知り，人が憧れる何か，サムシングを持っていないといけないということである。

(2)　あなたはリーダーとして夢を語れるか

　それでは，できるリーダーとは一体どのような人なのか。次にリーダーの資質とは何かを考えてみよう。

　管理者の役割は大きく2つの側面に分けることができる。その1つは目標を達成する業績の側面，2つには部下1人ひとりの異なる要求，感情を持つ部下に配慮した指導育成と部下の意欲を高める良い雰囲気を作れる人といえる。ここでは期待される管理監督者の原点に戻り，期待される役割像を整理してみる。まず，役割とは権限と責任の意味であり，さらに5つに分類することができる。部門統括の役割，部下掌握育成の役割，業務推進の役割，企画開発の役割，上司補佐の役割である。管理者は，この役割を果たすためにマネジメントを行う。人的管理についていえば，「人間尊重」を基本にマネジメントのあり方を考えることが大切である。

　人にはそれぞれの持ち味がある。その部下の持ち味を適材適所で上手に使うことができる人がいるが，そのような管理者は部下とのコミュニケーションが上手である。仕事ができる管理者は，部下の力を引き出す勇気づけのメッセージや声かけのタイミングが上手い。

　人間は目標を持つと勇気が湧いてくる。また，目標を達成すると力がついてくる。すなわち，成功体験を持つと，人間は物の見方や考え方が違ってくるのだ。できる部下を上手く育てる上司は，部下のやりがいや喜びをよく知っている。目標を達成したとき，何かの仕事に習熟して進歩したとき，責任を全うしたとき，認められたとき，仕事に没頭したときの喜びなど，勇気づけの場面づくりやメッセージが上手である。

　部下が，勇気づけられた，やる気になったという上司からの数々のメッセージは次のとおりである。

▶相手の貢献に着目した話し方が上手い上司からのメッセージ

- ●「あなたのお陰で上手くいった。本当に有難う。」

- ●「あなたが楽しそうなので私も楽しい。」

▶プロセス成果を具体的に褒めてくれ，とってもやる気になったというメッセージ

- 「○○のやり方は本当によかったね。」

▶すでに達成できている成果を取り上げて，上手くいっている部分をさらに伸ばすアプローチをしてくれた。また，私の成長を絶対考課してくれた

- 「この部分はとても良いと思う。」
- 「以前よりも○○の点がとても進歩している。この点をもっと伸ばそう。」

▶部下の判断に委ね，部下の主体性に任せて考えさせてくれた。話すときは否定用語を使わずに肯定的に話をしてくれる。自分の価値を絶対として押しつけない

- 「あなたはどう思いますか，あなたが一番良いという方法を教えて下さい。」
- 「私は・・・と思う。」
- 「いつも協力をしてくれてありがとう。」
- 「いつも本当によくやってくれている。感謝しているよ。」

部下に対する数々の動機づけのメッセージは次のとおりである。

- 「上司の指示に対して，ただ言われたことを言われたとおりにやっていればよいと思いますか。言われた以上に何かをつけ加えるとすれば，あなたは何を付け加えますか。また，どんなことでしょうか。」
- 「私が何を言おうとしているのか，あなたは察知できますか。」
- 「その仕事をこなすことは，あなたにとってどんな意味があると考えますか。いつまでにその仕事をやればよいのでしょうか。あなたの考えを聞かせてください。」
- 「『あの仕事はどうなった』と催促をされる前に，あなたは報告，連絡

をしていますか。」

- ●「状況変化への対応は臨機応変にできているでしょうか。」
- ●「普段やっている仕事にも常に問題意識を持って，何か新しい知恵を出していますか。」
- ●「分からないこと，知らないことにぶつかったときには，いつも素直な気持ちで，その時その場ですぐに調べたり，また部外者の知恵を借りたりしてアドバイスを受けていますか。」
- ●「皆と力を合わせていい仕事をやっていますか。上司や仲間の知恵や協力でいい仕事ができたときには，協力してくれた皆に感謝の気持ちを述べていますか。」
- ●「師（お手本）と仰ぐ先輩を探して，少しでも先輩に近づけるように努力をしていますか。」
- ●「自分のことは見えているようでよく見えないものです。私（上司）や先輩，仲間のアドバイスを参考にして，自分の良さを最大限に発揮するよう努力をして下さいね。」
- ●「いつも明るく振舞っていますか。前向きな気持ちで目標に挑戦していますか。」
- ●「自分と違う性格の人や行動，立ち居振る舞いの違う人の存在を理解するように努力をしましょう。」
- ●「心穏やかで明るく振舞えば健康にも恵まれます。いつも心にゆとりを持てるよう仕事は計画的に前倒しでやりましょう。」
- ●「いい仕事をやる人は自分のウィークポイントを知っている人です。だから上司（私）や先輩，同僚の力を借りることができるのです。」

　人との出会いは人生を変える。部下は自分の能力を最大限に引き出してくれるそんな魔法をかけてくれるような素敵な上司に出会いたいと，いつも心から願っている。あなたはそんな素敵な管理者だろうか。

⑶ これからの管理者教育の進め方

あるべき管理者像や教育手法のノウハウについては，数多くの書物やネット情報などに満ちあふれているが，筆者の数多くの論説の集約では，これからの組織管理はヘッドシップ型ではない。部下とのパートナー関係を上手に作り，部下のチャレンジを上手く引き出すことができるボトムアップ型管理が現在のスタイルになっている。したがって，昔ながらの俺について来い型のヘッドシップスタイルでは部下がついて来なくなる。少子高齢化時代の家庭，学校生活の教育，社会，経済環境の変化は，人間教育や労働観にも大きな影響を及ぼしていることは改めていうまでもない。

この現実を理解したうえで，組織の責任者として組織目標を達成するためには，部下との良い人間関係を作ることは管理者としての重要職責である。管理論やコーチングがどうのこうのということではない。部下をパートナーとして認めるのであれば，部下が抱える問題は自分の問題として考えることができる。その問題解決に取り組むことが「勇気づけのメッセージ」である。

何も難しいことではない。部下育成論の教育を受講しなくても，書物で勉強をしなくても，部下との人間関係を意識すればよいことである。人事課長は一言，「管理者の役割とは部下を使って組織目標を達成し，利益貢献度を上げること」，そのためには「部下と良い人間関係をつくること」を管理者にオンラインで伝達すればよいのである。ものの30分もあれば足りることである。

2 − 3　自立型人材を育てる仕掛けづくり

企業の緊急事態発生時に，いちいちトップや管理者の判断を仰がなければ課題が解決できないようでは企業の存続は厳しい。在宅勤務の普及は労働時間管理など勤務状況の把握や成果の判定が課題であり，社員の自立性がより重要になっている。

企業の栄枯盛衰は人で決まる。この言葉に異論を述べる人はいないだろうが，前述のように人材育成論という悠長なことをいえるのは大手や上場企業であろう。しかし，大手，中小企業を問わず，人を育て活用するには「場」が必要である。できる人材にはどんどん課題をぶつけて，その課題解決に取り組む姿勢

や態度を見れば，人材として育つか否かは分かる。手段や方法の選択や目標達成に向けての努力が人を育てる。

そこで大切なのは，せっかく育てた人材の能力を全開させるための人事マネジメントである。本人の意思と適性を活用する能力発揮支援策である。例えば，人材を活かす「複線型人事制度（職群管理制度ともいう）」「ジョブリクエスト制度」「FA制度」「公募制度」「自己申告制度」「在宅勤務制度の選択」などである。

これらの人材活用制度は，ある一定の条件を満たした者には皆公平に与えることが大切である。自立型人材とは，その時その場に一番マッチした価値ある行動をとることができる，自己の役割と達成すべき成果を理解している社員である。人事は自立型人材として育つ仕掛けを用意する。

自立型社員は気づきと学ぶ力があるが，同じ体験をしているのに人によって学び方や学ぶ力の違いがある。「教えることは学ぶことである」の言葉どおり，人の話を聞いて理解するのと自分で説明するのでは理解度の深さが違う。

管理者が挙げる成長する人材の行動を拾うと，次のとおりである。

- 過去の成功，失敗体験から有益なヒントと教訓を得て次の仕事に活かしている。
- 役割の認識や使命感が強く，また気づきに優れ，問題の発見や課題解決も早い。

2－4　コンピテンシー評価による人材の育成と活用

(1)　人材群別コンピテンシークラスターの設定

組織はさまざまな人材によって構成されている。職階別，人材群別の資格要件を参考までに次に例示する。人材群別コンピテンシークラスター（評価項目）は，役割，職責の違いによって当然に異なったものとなる。コンピテンシー評価は別名，実力評価といわれるが，人材の適材適所配置のための判断材料として多くの企業で使用されている。

コンピテンシーは「根，幹，枝」の3階層で構成されるが，根がしっかりと張っていないと人材は育たない。人材選抜は，生まれながらにして備わった根

図表4-1　人材群別コンピテンシークラスター（評価項目）（K社の例示）

階　層	課題展開・解決スキル	対人間係スキル
上級管理職	• 部門レベルのビジョン策定力 • 戦略，戦術策定力 • 意思決定力	• 社内外との調整力 • 部門を越えた組織影響力 • 戦略，戦術浸透力
管理職	• 部門レベルの提言能力 • 担当組織の方針，戦略，戦術策定力 • 目標設定力（人事考課スキル）	• 対上司リーダーシップ力 • 組織間の調整力（組織間連携力） • メンバーの統率力，調整力 • 部下育成スキル
指導監督，中堅社員	• プロジェクトの計画立案，達成シナリオ作成力 • 自己のキャリアデザイン力 • 主体的な課題形成力 • 理論的思考力	• コミュニケーション・プレゼンテーションスキル • 後輩指導スキル • 1対1のコミュニケーションスキル・説明スキル
初級社員	• 問題解決のスキル • 計画的な仕事の進め方 （P.D.S タイムマネジメント）	• 協働・チームワーク • ビジネスマナー （挨拶・報告・連絡・相談）

コンピテンシーの素質，資質の行動特性の評価から始まる。根コンピテンシークラスター（評価項目）を例示すると，使命感，忍耐力，人間性，社会性，ロマン，気力，体力などが挙げられるが，これらのクラスターは良い仕事をするための根源といわれる。この根コンピテンシーを持つ人材候補者をまず探し出すことから人材育成は始まる。

　人材候補者を選抜したら，次にアセスメント計画に沿って人材育成が始まる。具体的には例示した職種別，職階別期待像によるコンピテンシークラスターの充足度によって育成状況（成長度合い）を確認する。コンピテンシークラスターの公開は，社員各人にとっては自己のキャリア形成努力への指針で励みにもなる。コンピテンシー評価（実力評価）で各人の職責が決まり（ジョブ型雇用），人材の活用（人事配置）と処遇（賃金）が決まるので，社員にとっては気合いが入る。誰がどの職務に一番適性があり，成功確率が高いのかをアセスメント（事前評価）するのがコンピテンシー評価である。

(2) 職種別，ポジション別成果行動の明示

　行動を変えればチャンスをつかむことができる。コンピテンシーで取り上げる行動とは成果を生み出す行動に限られる。すなわち，コンピテンシー作業で大切なことは，期待する職務成果を明確にして，その成果を獲得するためには，一体，どのような行動が成果に直結するのかをハイパフォーマーの行動特性から実証的に確認する。したがって，その職務または職階（ポジション）の成果とは何かを明確にしないと，高成果実現行動特性を洗い出すことはできない。成果を明確にして，成果を獲得するための行動を明確に洗い出すため，ハイパフォーマーにその場面場面での成功事例を１つひとつ思い出して語ってもらう。しかし，その成功体験もあまり昔のことでは参考にならない。仕事のやり方やその仕事の知識や技術も，３年もすると大きく変わってしまうからである。

　ハイパフォーマーの行動を明確にすることは，単に行動をリストアップすることだけではない。成果と行動の相関度を明確にして相関度の高い行動だけを洗い出し，必ず成果に結びつく行動特性を明確につかむことが大切である。こうしてリストアップされたコンピテンシーモデルは，部下育成の行動指針であり，また成果をあげるための有益な行動指針として活用できる。能力を明確化するためには必ず成果に結びつく行動を抑えることが大切で，職種ごと，ポジションごとに行動特性を洗い出しておく。

　管理者の職責は高成果を作り出す人材を見つけ，いかに育てるかにある。コンピテンシーモデルがあれば，このモデルに照らして人材を探し，合理的で成功確率の高い採用・配置を進めることができる。

(3) コンピテンシーの高成果実現行動特性とは

　コンピテンシーは思考特性，行動特性の２つで構成されている。

　思考特性とは，「なになにを理解している」「把握している」といった状態であり，これらの思考を他者に認知させるには，何をどう観察すればよいのか。答えは，目で見える高成果に直結する行動そのものである。コンピテンシーの行動特性（ディクショナリー）の選択整理においては，「理解している」「把握している」の表現では目に見える行動になっていないので，考課者によって評

価にバラツキが出る可能性がある。例えば、「経営情報を先取りした多角的な財務分析資料を作成する。経営会議ではマネジメントデータを示しながら説明をしている」など目に見える行動が必要である。したがって、情景、背景を鮮明に表現することが必要である。このように行動レベルで表現をしないとコンピテンシーとはいえない。

これに対して能力は、「知っている」「できる」の学問的世界で、「潜在的能力」にウエイトを置いている。この潜在的能力に対して発揮能力という言葉がある。これがコンピテンシーである。コンピテンシーは職務遂行能力を実際に行動に移した状態をいっている。職務遂行能力を持っているか否かは人事考課で能力考課を実施して判定するが、その能力考課の基準は「職能要件書」である。要件書には、この仕事をやるための知識や技術、技能など勉強すべき修得要件と、その仕事がどのようなレベルでできなければならないのかの習熟要件で記載されている。

しかし、この職能要件書の内容は企業の職務遂行能力の期待像であるので、企業が異なればその内容は変わるものである。仕事ができるか否かはこの要件書を基準にして評価することになるが、自社では優秀社員であっても他社では優秀でないかもしれない。それは能力の期待像が異なるからといえる。自社の要件書の期待要件は満たしているので立派と評価されても、社会人、職業人としてはいまいちかもしれない。すなわち、要件書は自社の期待像であり、自社が期待し要求する職能像、また人材像の明細書である。

これに対して、コンピテンシーは人間としての器はどうかなど、総能力を評価する実力評価だ。いくら組織人として立派であっても、社会人として人間としては問題のある社員も大勢いる。立派な人材とは、仕事ができるだけではなく社会の規範もしっかりと身につけ、得意先からも評価される人材である。そういう人材であるからこそ、継続して業績を上げ続けることができる。組織内外においても素敵な行動がとれる人であるからこそ、業績を連続して上げ続けることができる。

行動特性は誰の目にも見えやすい部分である。表に出る部分（行動）を変えるには、行動を支える能力を変える必要がある。そのためには根コンピテン

シーといわれる能力のコアになる資質，素質を備えた人材を探し出すことから始まる。

イメージをつかむために，次にコア人材の行動特性をいくつか拾ってみた。

- 困難な仕事を与えても「できません。無理です」という弱音を言わない。
- 成功事例を参考にしたり，上司先輩にアドバイスを受けるなど，目標達成に向けてあらゆる努力をしている。
- 能書きを言うよりも，まず実行というスタイルを優先している。
- 担当職務の専門性を深めるために自費で学校に行くなど，継続的に勉強，研究をしている。
- いつも「どうしましょうか」ではなく，自分の原案を持ってくる。
- 「Take」よりも「Give」を優先して行動している。

以上からコア人材の主な「人物イメージ」を描き出してみる。

- 自分と異なる考え方や行動，価値観を持つ人とも上手く協力関係を作っている。
- 他人の力を借りて上手に仕事をしている。
- まず動いてみて，それから考える行動をとっている。

⑷　コンピテンシー評価の有効性

各社のコンピテンシー評価の実態を暴露すると，理論どおりに機能していない。理由は明快である。優秀者の再現性のある高成果実現行動特性を洗い出した行動ではないからである。つまり，人事考課を構成する情意考課と何ら変わりがないからである。情意考課のディクショナリーは，各社とも自社が望む期待像の行動基準を列記している。また望ましい行動基準を示している。コンピテンシーで取り上げる行動は，その行動をとれば必ず成果に結びつくディクショナリーでなければならないということである。

したがって，組織人としてトップが期待する統一行動（情意考課の行動）と理解すればよく，ディクショナリーも情意考課の着眼点と同様に2～3年ごとに見直し加筆することが望まれる。

2−5　これからの人材育成と活用の留意点

　成果の対価として賃金を支払う考え方がなかなか日本で浸透しない理由の1つは，労働基準法の時間管理の問題がある。現行の労働基準法のもとでは，労働時間の長さで賃金を支払ってきたからである。日本の生産性は，先進国の中では下位に沈んだ。組織にいれば飯には困らないという緊張感のない働き方では生産性は上がらない。成果をあげる組織にするためには，働く仕組みを変えないといけない。チーム評価から個人評価への切り替えである。

　日本型人事システムに慣れ親しんできた多くの社員は，チームの調和を合言葉にしてきたし，個人業績という概念には極めてストレスを感じる社員がいる。特に医療機関においては，医師や看護師は「業績」という言葉を不謹慎と考える人が多い。そのためか，医療機関ではまだ年功人事が主流である。それどころか，能力・役割・成果主義は人件費の抑制や削減を狙いとする企業が多いため，能力・役割・成果主義人事の導入説明会では職場混乱の火種となるところが多い。能力・役割・成果主義人事の批判の多くは，成果目標設定の妥当性と評価の問題である。成果に結びつきにくい地味な目標は皆やりたがらないため，プロセス評価の仕方などの課題がある。能力・役割・成果主義は単なる人事システムの問題であり，大切なのは評価結果を人事処遇や賃金にどう反映させるかである。能力・役割・成果主義に対する批判を調査してみると，社内のコンセンサス不足であることが多い。

　経営環境が変化すれば，人事は環境に順応させることが大切だ。筆者は今回の新型コロナウイルスとの共存に向けて，コンサル先の企業に次のようにアドバイスをしている。「コロナ禍の苦難の今だからこそ，人事は意識して明るくありたい」と。「評価は差をつけるのが目的ではなく，あくまでも手段・方法に過ぎない。コロナ禍で大変なときに，人事が現場業務の足を引っ張るようなことをしていないだろうか。人事考課にあまり時間をかけないで，一般定型業務で同じ仕事をしている社員は皆同じ評価でもよいのではないか。「行動の選択」は人事考課をつける際の基本的ルールだが，特別加点をする行動がない限り，全員B評価（期待レベル）に統一したらどうか。昇給額，賞与額は同一資

格者は全員同額にしよう。今，大切なのは感染対策に全力を尽くすこと。リモートワークでは日常業務に手落ちがないようにダブルチェックをしよう…」と。

　「コロナショックの大不況時の人件費削減」「定昇の停止，賃金を下げる」という要因から語られるマイナス思考が，長期的展望の欠落やプロセス軽視などの弊害につながるケースも多い。能力・役割・成果主義をベースにした人事制度を導入しても，社員の意識改革が進まないため制度が運用に流れ，年功になってしまうケースも多い。「よくやっている。頑張っている」のイメージ考課や情意考課の行動評価が意外と多い。能力・役割・成果主義の基本は成果（アウトプット）処遇である。成果は経営目標の達成に他ならない。能力・役割・成果主義人事を定着させるためには，能力・実力に見合った目標の作成にある。達成成果の判定には労使による勉強会も必要となる。結果を重視するあまり，目標を低く設定する傾向があるが，これでは本来の目的とは全く逆行するものとなり，チャレンジ経営とはほど遠いものとなってしまう。人事改革の真の目的は，第1に社員満足，第2に顧客満足，第3に経営満足，最後に社会満足につながるものでなければならない。要は，人事・賃金制度改革は社員のやる気や働きがいを創り出し，かつ企業の活力を引き出すロマン制度であることが望まれる。

第 5 章

人事・賃金制度改革の
成功の鍵

働き方改革の推進と軌を一にして起こった
新型コロナウイルス感染症拡大による勤務形
態の変容は，新しいビジネスモデルを創り出
すとともに，日本のあらゆる企業に従来の人
事戦略の見直しを迫っている。

本章では，これらの状況を踏まえ，人的資
源を活かす戦略や戦術を考え，さらに，人
事・賃金制度の改革を成功へと導くポイント
を考える。

1 　環境変化に適応した人事戦略

1－1　仕事の見直しによる人事戦略

　新型コロナウイルス感染拡大によるリモートワークの推進は，従来の社会経済環境や経営戦略の常識を大きく変えた。新たな市場創造で新たな仕事のやり方が生まれている。

　在宅勤務の増大は「効率的な人材配置」「能力や成果に見合ったジョブ型賃金の支給」「事業の再構築」「リエンジニアリング等の経営の効率化や生産性の見直し」「価格の見直し」「規制緩和」「ホワイトカラーの生産性向上」「シニア社員の再活用」など，数々の再検討と見直し，再構築の課題を提示した。

　今，まさにコロナ禍の試練を乗り越えて，新ビジネスモデル創造のチャンスが到来している。この変革期を上手く乗り越え大きく飛躍発展するためには，従来の人事戦略や業務遂行システムの仕組みを大きく変える必要がある。新たな仕事のやり方を考える新しい視点に立ったコンセプトやビジョンを構築し，それをベースにして抜本的な戦略や戦術を再構築する必要がある。リーマン・ショック以上といわれる経済崩壊後の企業の再生をかけて，リストラやリエンジニアリング，アウトソーシング，雇用調整も致し方ない。人事は，「人と仕事の見直し」「役割・成果評価の実施」「業績評価の再構築」「ジョブ型賃金の導入と定着」「多様な人材就労の参加」「ワーク・ライフ・バランス（仕事と生活の調和）」「兼業・副業の推進」「自立型人材の育成」などが主要課題となろう。

　そして，今，社会経済は「1人当たりの生産性，コスト，仕事」を軸にした役割・成果主義が急速に進行している。産業を問わず「人と仕事」の再編成が最重要課題になっている。企業力をつけるためには，まずホワイトカラーの「仕事と処遇」の見直しが経営最大の課題になっていることはいうまでもない。

1-2　経営戦略の具現化

　従来の経営の成功体験は今日の成功に結びつかなくなった。ごく近い将来の予測も見通しが暗い不透明な時代を迎えている。不透明だからこそ，先に進む経営戦略を前倒しで立案し行動しなければならない。何もしないでじっとしていることは退歩を意味する。先がはっきり見えないからこそ，目を凝らして見る。一歩先を見ようと努力しないと経営課題も顧客情報もつかめない。これからの経営は手探りで一歩前進する。二歩目は，一歩前進してから考えればよい。

　さて，戦略とはどういう意味なのか，一言でいえば「こうなりたいという願望」ということになろうか。願望があるからこそ，その願望を現実化するための戦略（ビジョン，ドメイン）という言葉が出てくる。

(1)　人事戦略と戦術

　人も仕事も変わる。人の変化，仕事の変化に対応するのが人事戦略であり戦術である。社会経済や労働環境の変化を受けて，人事戦略を策定する。この人事戦略は戦術に転換されて人事施策の実践となる。新たな市場創造を行うために，人事は他社とは異なる人事差別化戦略を立案する。この戦略をどのような手段や方法，施策で実行するのかが戦術である。新しい時代の働き方は，人事の戦略や戦術によって実行される。

　グローバル経済競争社会での究極の生き残り策は，各問題に対応できる自立型社員の育成である。緊急時の今日的問題処理にスカウト人材を活用することはベストな選択といえよう。「ジョブ型人材」の活用は新時代の人事戦略でもある。これからの人事管理は，画一的な等質管理から本人の意思と適性による多元的な成果主義個別管理への転換が必要である。またコロナ禍の中で，緊急事態時に即対応できる人材の必要性に気づき，意図的・計画的に特別教育を実施する企業も出てきた。

　また，40歳は職業年齢では完全習熟年齢であり，40歳以降のキャリアは自己責任である。40歳までに培ったキャリアでこれから幅をつけていくもの，変えていくもの，段階的に変えていくべきもの，従来の強みをさらに補強していく

べきもの，逆に変えてはいけないキャリアなど，テーマを絞りキャリア開発に
計画的に取り組んでいくことが，現役70歳定年制を支える。

　リモートワークは高齢者，女性にとっては自由時間を大切にする望ましい働
き方である。時間を自由に自らコントロールして働く，個を大切にしながら，
組織と個の希望を上手に統合するマネジメントが必要になっている。この両者
の関係は恩恵や依存関係にない新たな労使関係の樹立を意味している。個の立
場に立てば「主役は私，あなた」であり，組織の側に立てば「組織は個を活か
せる場を提供することを通じて組織目標を達成する」という関係を作ることを
意味する。個別管理の推進はリモートワークが後押しをし，また管理者が頭を
切り替える契機にもなっている。

(2)　大切な戦術の実行

　どんなに立派な人事戦略書を作っても，この戦略（希望）を実行するための，
いつ，どこで，誰が，どうやるのかの具体的なスケジュールがなければ，この
戦略は絵に描いた餅になる。大事なのは誰が何をやるのか，具体的な戦術書が
必要である。戦術を作り上げるためには，戦略を十分に理解，納得したうえで，
その戦略を最も効果的に果たすための方法，手段（戦術）が必要になる。その
ためには，戦略実行の具体案，アイデア（戦術）を組織を挙げて出してもらう。
したがって，戦術書はグールプ全員の英知を結集し，喧々諤々議論をして作成
することが肝要である。

　戦略から戦術への具体化にあたっては，

- ●戦略の目的や内容を具体的な実施項目に置き直す
- ●実行体制の組織化，5W5Hによる具現化
- ●目標達成へ向けて組織を挙げてのキャンペーン

が留意点になる。

　目標達成に向けてどんな仕掛けを作るか，この戦術の立案は管理者の最も重
要な役割業務である。

　人は，自分がやりたいと思う仕事をやるときには全力を発揮することができ
るといわれる。できる管理者は，自分がやりたいと思う仕事を部下にも同じ気

持ちにさせることができる人である。部下が自らやりたいと感じるためには，なぜ今この課題に取り組まなければならないのか，戦略，戦術の必要性について関係者に十分に周知徹底しておくことが必要である。人はやることの目的を理解し，見通しのある課題については納得し意欲を持って頑張れるものだ。

　したがって，戦略をできるだけ分かりやすい言葉（戦略の目的，狙い，内容，背景など）にかみ砕いて，一般社員の末端まで周知徹底をしておくことが必要になる。そうすることによって組織としての一体感が生まれる。部下のやる気を引き出す仕掛けづくりは，戦略，戦術を部下のレベルまで分かりやすくかみ砕いて説明することが求められる。

1－3　リモートワークが変える人事管理

　新型コロナウイルス感染拡大にともなって，在宅勤務体制への移行を進める企業にとっては，労働基準法のどの時間管理制度を採用すべきか思案しているのが実態である。日本の人事管理は，労働基準法の時間管理によって賃金が支払われてきた。しかし，対面管理ができない状況では，従来の時間管理による労働の実態の把握が難しくなってきている。リモートワーク社員の労働時間管理は5種類ある。

① 　1日8時間，週40時間制：1日8時間を超えて働けば時間外割増賃金が発生する。36協定手続きが必要。

② 　フレックスタイム制：3ヵ月までの精算期間内の法定労働時間総枠を超えて働けば，割増賃金が発生する。就業時間（始業，終業）の決定は社員が行う。労使協定が必要。

③ 　みなし労働時間制：事業所外で働く人で労働時間管理の把握が難しい人に適用。所定労働時間または業務に通常必要な時間働いたとみなす。みなし時間が法定を超えれば労使協定が必要。

④ 　専門業務型裁量労働制：事前に1日のみなし労働時間を決める。業務のやり方や時間配分は働き手が決める。研究開発やシステムエンジニアなど19業務。労使協定が必要。

⑤ 　企画業務型裁量労働制：主に企画，調査，分析，研究に従事する社員。

職務の特性に加え本人の同意が必要。労働局に届け出が必要。

在宅勤務の実施は社員の自立性の尊重であり，働き方や労働時間の決定は働き手の裁量となる。

1－4　人事管理の歴史的変遷

市場創造を行うためには，安定した品質はもとより，サービスの新しさなどが重要な課題になる。チームワークを重視した効率的経営は無論のこと，これからは個の自立性を重視した創造性，独創性のある企業が生き残る。国境のないグローバルな競争社会で生き残るには，競争力という視点を踏まえた人事管理の基本コンセプトを策定をしなければならない。例えば，長い年月をかけて自前で人材を育てるよりも，緊急時には外部労働市場から，即戦力になる人材を確保し問題を解決しなければ時機を逸する。専門性に秀でたスカウト人事はより顕著になっていくだろう。

これからの人事管理は，従来の年功主義という画一的な単一管理から本人の意思と適性による能力・役割・成果主義による複線型管理へ，さらには，個を尊重した個別管理へ進むと考えられる。

これからの企業の重要な戦力になる若者や女性は，自分の生活，自分の時間を重視している。職場や企業選びも，賃金より自由時間がどのくらいあるかに比重を置く。学卒予定者に話を聞くと，ほぼ全員が残業の少ない企業に入社したいと答える。また「有給休暇は労働者の権利だから完全に消化する」という答えが返ってくる。すなわち，これからの労使関係は，両者の希望がともに満たせるような形で統合するマネジメントができればベターである。個の立場に立てば「主役は私」であり，企業の側に立てば「個を活かせる場を提供することを通じて企業目標の達成につなげる」という相互関係を作ることである。個を活かすことによって組織も活きる個別管理の推進が企業発展の鍵を握る。

1－5　人事制度構築基本的要件の再確認

⑴　3つの等級制度

人事制度設計において大切なことは，人事・賃金制度構築のためのベース

（土台）を作成することから始まる。そのベースはすでに述べたように，能力・実力による社員の格付けである。係長以下の一般社員は能力に応じた「職能資格等級制度」へ，また課長クラス以上は実力に応じた「役割等級制度」への格付けである。この等級制度には，能力主義人事の職能資格等級制度や，今やっている仕事の価値で決める職務資格等級制度，また今この組織にどんな組織貢献，利益貢献をしたかで決める役割（実力）等級制度の3つがある。

　職能資格等級制度とは，職能要件書（職務調査によって作成）に決められた職務遂行能力ごとの資格ランキングであり，どのランキングに格付けされるかによって人事賃金が異なる。特徴は能力のランク付けであり，今やっている仕事とは全く関係がない。能力があれば，例えば9等級の知識，技術があれば，今3等級の低い仕事をやっていても，いったん取得した職能資格9等級の資格は永遠に保証される。これが能力主義人事制度である。しかし，これらの状態を能力と実力のミスマッチという。

　一方，職務資格等級制度は，職務の価値によって人事・賃金処遇を決める。グレードの高い職務に従事しない限り賃金は上がらない。職務資格等級制度が適用される代表的な職種は運転手，ボイラーマン，ヘルパー，調理師，保育士，介護福祉士など，社会横断的な職務が対象となる。

　最後に，組織貢献，利益貢献度を評価する役割（実力）等級制度は，役割・成果主義人事賃金制度のベースになるが，この役割・成果主義ではジョブサイズで賃金が決まるため，ジョブサイズ（仕事の質と量，チャレンジの有無）を明確にすることが求められる。役割（実力）等級が上がればジョブサイズも大きくなり，成果（組織への利益貢献度など）に対する責任も大きくなる。

　以上，役割（実力）等級制度も職務資格等級制度も「仕事の価値」を評価する。したがって，自分の担当業務がどれだけの価値があるのか（職責評価＝固有業務の価値），またどんなチャレンジをしたのか（役割評価＝職責評価×目標チャレンジ）によってジョブサイズが大小と変動する。

(2) 賃金制度の設計の基本

　賃金は「昇格」と「昇給」に振り分けられる。等級制度で上位等級に上がる

ことを昇格という。また，同一職能資格等級内における基本給の上昇が「昇給（習熟昇給）」であり，昇格により上位資格等級に上がることによる基本給の上昇が「昇格昇給」である。

　能力主義賃金における職能給の昇給については，それぞれの職能資格等級ごとに上限と下限のレンジレートが設けられており，そのレンジの中で職能の習熟度を判定し習熟度合いによって昇給額が決まる。職能資格等級制度をベースにする昇給は，毎年能力の伸長度を評価し，レンジレートの上限に達するまで昇給がある。一方，役割・成果主義による役割（実力）等級制度，職務資格等級制度には習熟という概念はない。仕事が変われば等級（仕事）が上下し，賃金も上下する。すなわち，実力が落ち仕事のグレードが下がれば賃金は下がる。したがって，上位等級に昇格し賃金が上がった場合の「昇格昇給」は，臨時に発生した賃金の高まりである。能力とか仕事は定期的には高まらないので，一般の昇給とは区分される。

　役割・成果主義賃金は定昇のない賃金であるため，総額人件費をコントロールする賃金としては有効である。仕事が変わらなければ原則として昇給はない

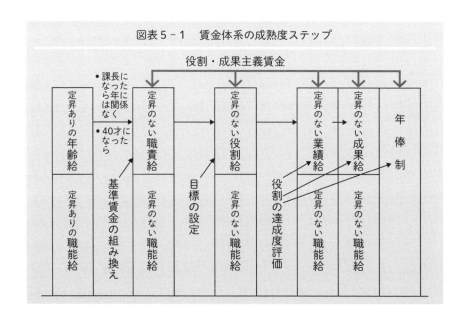

図表5－1　賃金体系の成熟度ステップ

が，会社全体の利益が算出されれば成果配分として還元される。成果配分は賞与支給時に合わせて支給するのが一般的である。賞与によって年収に格差をつけ，メリハリのある賃金とする。賞与は，そのときの一過性の業績によって変動する賃金である。月例賃金は固定費でありコントロールできないが，賞与額で人件費が予算の枠内に収まるように調整し人件費をコントロールすることで，人件費の予算管理を容易にできる役割・成果主義の賃金（ジョブ型賃金など）は，見える化によって管理がしやすく有効である。

(3) 評価制度

　いくらしっかりした賃金制度をシステム化しても，評価制度が曖昧であってはジョブ型賃金制度は成立しない。

　目標管理制度は役割・成果主義導入時にセットする制度の1つであるが，一番の課題は能力や実力レベルに見合った目標の設定にある。目標の妥当性とともに達成基準の明確化が必要であり，どこまでやれば期待レベルなのか，期待レベルを上回っているのか，といった目標達成の手段や方法などの明示ができていない企業が多い。これらの多くが役割・成果主義に対する不信感につながっている。

　部下にフィードバックする評価結果は，最終成果だけではなくプロセス評価も重要である。プロセス評価の留意点は，パートごとの目標の成果やチャレンジ行動などを可視化し，パート成果や行動を評価する。心情が入らないように，パート目標や行動ルールを明確にしておく必要がある。また考課者訓練，面接訓練も必要である。考課ルールの確認，価値観の統一など，考課者間の考課基準のすり合わせが必要である。企業によっては人事考課の信頼性を担保するために多面考課制度（上司，同僚，部下，他部門管理者，得意先など）を取り入れるところが増えている。役割・成果主義では，結果のすべてを社員に公開するのが原則である。公開ができないような基準では，役割・成果主義は成立しないからである。

　したがって，役割・成果主義導入の留意点は，オープン（公開），シンプル（分かりやすい），チャレンジ（チャンスの裁量権は平等），フェア（公正）の

4点が制度設計の基本要件となる。

2 人事制度改革を成功に導くために

2−1　トップとしての役割

⑴　トップが語る理念と必要性

　1954年頃から始まった高度経済成長の中にあって，企業と社員の関係は年功人事（学歴，経験，性別）で，企業と社員が相互に依存しあう運命共同体であった。だからこそ，日本的経営の三種の神器といわれる終身雇用，年功序列賃金，企業内組合といった日本型労働慣行を形成することができた。しかし，コロナ禍は時間や場所に縛られずに働けるクラウドサービスの活用を企業に促す契機になり，併せて人事・賃金の新たな仕組みづくりが必要になった。そのはしりが，冒頭で紹介したトヨタ自動車社長豊田章男氏のベースアップに対する言葉だ。豊田社長は労働組合に回答した際に，「賃金を上げ続けることは競争力を失うことになる」「一律ベアはフェアでない」と語り，ベアに否定的な姿勢を示したのだ。

　人事・賃金制度の改革は，大不況を乗り切る主要な見直しのテーマになっている。少子高齢化や人材不足が進む中，高齢者や女性などの多様な働き方が広がり，働く高齢者，パートタイム労働者への厚生年金，健康保険の適用が拡大されている。また，週20時間以上30時間未満の短時間労働者が月額賃金88,000円以上などの条件を満たす場合，現行では500人超以上の会社は社会保険に加入させなければならないが，この企業規模要件が2022年10月以降は100人超，2024年10月以降は50人超と段階的に引き下げられる。保険料の負担は会社と被保険者が折半する。パートを多く雇用する中小企業にとってはインパクトが大きい。会社の負担分は給料の15％増となる。そのほか，高齢者等の就労拡大を後押しするため，年金改革法では60〜64歳で働く人への在職老齢年金について，年金の支給停止が開始される賃金と年金の合計額の基準を現在の月28万円から47万円に，2022年4月から引き上げられた。

肥大化したホワイトカラー，特に高齢就労者の拡大と活用，組織の活性化，人件費問題などが大きな経営課題として浮上している。トップ自ら先頭に立ち「制度改革の理念，必要性」を語ることが大切である。

⑵　トップのリーダーシップ

改革の成功はトップの強力なリーダーシップによる。トップは中途半端な気持ちで改革ができないことをよく理解しており，自ら人事・賃金制度改革の必要性についてコンサルタントに直接説明することが多い。また，他社の成功事例を勉強したり確認しており，その概要を理解したうえで改革に取り組むケースが多い。したがって，あらゆる改革反対の抵抗勢力にも方向がぶれない。

しかし，それでも思ったとおりに改革が進まないときがある。それは，過去の成功体験を持つ管理者が中心になって，改革案を潰しにかかることが多々あるからだ。これらの管理者は決まって総論賛成，各論反対を唱える人たちである。真意は反対者であると思って間違いない。

改革成功事例を見ると，「改革は上から変える」ことが成功の定石である。過去の既得権を持たない若者たちは圧倒的に賛成論者だ。改革論議は管理者と中高年者の理解と協力をいかに取り付けるかが鍵であり，成功はトップの強いリーダーシップにかかっている。

反対に失敗するケースは，トップがせっかちであり人事改革プロジェクトメンバーの意見をよく聞かない場合である。スケジュールありきで急ぐあまり，プロジェクトの検討，議論も尽くせぬまま突走るケースである。企業には企業の風土や社員のレベル，ニーズがある。この辺がよく分かっていない。他社で上手くいったやり方（手順，方法）でも，自社のニーズに合わなければ成功するとは限らないのである。また，Yes－Butの声に押されてぶれるトップがいる。このような企業では成功は難しい。

2－2　ジョブ型雇用へのシステム転換

いくら立派な経営戦略書を作っても，人材がいなければ何も事は運ばない。多くの企業が困惑しているのは，時代の変化に対応する人材がいないことだ。

気の利いた企業では一応経営戦略は策定するが，それがただの願望で終わって
しまっている。戦略目標を達成するためには，人が考えて動かなければならな
い。また，経営戦略は財務，顧客，人材育成，業務プロセスの4つの視点から
の検討が必要であるが，その中でも最初に戦略を立てなければならないのは人
材育成である。いうまでもなく，経営を動かすのは人であるからである。

　さて，ここでもう一度人事制度の変遷をふり返り，人材を活かす能力主義人
事制度の持つ課題を挙げ，日本企業が進むべき方向を探りたい。

(1)　年功主義から能力主義への歴史的変化

　経営戦略や手法は時代とともに変わる。人事問題では年功が企業貢献として
高く評価された時代があった。1960年から1975年の年功主義時代である。年功
主義のファクターは勤続年数（経験），学歴，性別，身分などの属性基準であ
るが，これらは基本的に逆転不能な基準であった。年功も日本的能力主義とい
われるが，逆転不能なファクターを基準にしているため，人材育成によって逆
転を可能にするという考え方とは両立しないのである。大卒社員は入社時から
エリート社員として，ゼネラリストとして育てられたのである。そして，ある
一定の経験と年齢によって役職に登用する慣行は将来への安心感をもたらし，
それが企業へのロイヤリテイを醸成した。これらの年功序列体系が維持できた
のは，日本経済がちょうど成長拡大期を迎えた時期でもあったからである。し
かし，グローバル世界経済の進行によって，年功という日本基準では世界基準
には対応することができなくなったのである。

　日本では，1975年から1990年にかけて，年功主義から能力主義へ相対的にス
ムーズに移行が行われてきた。それに対し，一部の保護産業といわれる学校，
病院，金融，運輸，通信，農協などは公共的な色彩が強いことから能力の評価
が難しく，能力主義への転換が遅れたのである。ただし，今や毎年増え続ける
社会保障費の赤字は国家財政存亡の危機をもたらしており，政府は聖域なき経
営の合理化や年功主義の見直しを行い，能力主義人事制度の徹底などの改革を
強力に進めるとしている。

(2) 能力主義人事制度の課題

　これらの能力主義人事制度は，別名職能資格制度とか能力開発制度ともいわれており，その中身は前出の課業（仕事）一覧表，職能要件書で構成されている。

　能力主義人事制度の導入の課題は，前出のように，まず職務調査を実施するなど手間とコストがかかること，また作成した要件書をどのように活用して能力開発や人事の昇格・昇進につなげるのかなど，そのルールを明確にしておかないと年功主義と変わらない制度となってしまう。

　第2の課題は，「人材の活用」である。これは，要件書を人事基準にして，どのように人材を使い活かすかという課題である。人材活用の前提は適切な要件書の作成および修正である。時代に対応した職務変化を踏まえ，きめの細かい職能要件書のメンテナンスや整備を行うことが必要となる。能力主義人事制度は職能要件書を基本軸にした能力トータル人事制度で構築されているが，なかでも，育成型絶対考課は人材活用マネジメントの重要な領域を担う。人事考課は要件書を期待基準にして，その期待するバーを上回ったのか下回ったのかを部下と上司で互いに確認し，目標達成度の内容分析を中心によく話し合う。期待基準に対しての自己評価と上司評価とのギャップが，部下の次期能力開発のターゲットになる。

　一方，職能充足度の拡大は昇格，昇進賃金につながり，内部労働市場におけるキャリア形成をステップアップさせる。この際，職能充足度の確認は人事考課によって行われるのが一般的である。この人事考課のフィードバックについては，前出のように絶対考課，相対考課が常に議論になる。例えば，人材育成論や公平性に必要以上に注意を払うことは，絶対考課という妄想に入り込むこととなり，逆に組織の活性化を奪うのではないかという実務家の意見もある。しかし，人材を最大限活用するためには絶対考課の適切な運用を考えるべきであるが，課題は要件書の整備と要件書を活用した教育の徹底には手間がかかることが留意点である。

　第3の課題は，人事マネジメントの成果を「人事・賃金処遇」にどのように公平，公正に配分するかということである。成果には，各社員の職能に見合っ

た目標達成成果と，係・課・部・法人全体単位のグループ成果の2つがある。各社員の個人別人事考課の集約が組織成果になるのが理想である。

　しかし，各個人の人事考課の結果は，梅崎修（2009）[10]が職能給の問題点として指摘するように，能力の序列と職務の序列とが乖離しているために，その多くは過払い的な支給になっている可能性がある。各人が能力に見合った職務を担当してこそ正しい能力考課と正しい賃金支給ができるが，その実現は容易ではない。

　なお，個人成果と組織成果との相関を高めるための条件，組織成果については，どの単位で評価し，またどのような仕組みで配分するのが次の組織活性化につながる最良の方法なのか，各企業の経営実態やニーズによっても異なるので難問である。

　以上のように，日本の人事制度の歴史的生い立ちと経過の苦悩の中で，日本企業は従来の人材育成論では時間がかかりすぎ世界市場のリスクに速やかに柔軟に対応することが難しいことを痛感し，今まさに，役割・成果主義人事への切り替えを急ピッチで進めている。市場ニーズは，今すぐ結果を求める時代である。これらのニーズに対応するためには，今から必要な人材を育てているのでは間に合わない。今必要な人材は外部労働市場からスカウト人事で対応し，将来的に必要な人材は企業内で時間をかけて育てるという多様な人材管理が必要になっている。

2-3　人事の運・不運

　経験年数や相性が良いなどの人間関係で人事を行っては困る。人事に，運・不運があってはならない。役職はご褒美で与えるものではない。もし力のない者がリーダーになったら，その組織はどうなるのか真剣に考えてみて欲しい。本人も悩むし，組織も悩む。ひいては企業を潰すことになるかもしれない。

10　梅崎修「第二章賃金制度」仁田道夫・久本憲夫編『日本的雇用システム』ナカニシヤ出版，2009年，98ページ。

「企業は人なり」の言葉に異論を唱える経営者はいない。しかし，人材育成については「何をどうやっていますか」と尋ねても，何も返答が返ってこない。これが実態である。せいぜい一過性の思いつきで研修を実施したり，他社の真似事程度の研修で終わっている。人材育成は単なるスローガンになっている。

　部下を使って良い仕事をしているリーダーは，部下を育てるのが上手だ。部下をよく理解している。例えば，常に部下と目線を合わせて，部下の悩みや不安，将来のキャリアなどについて，よく話し合ったり，能力を発揮させる「場」を作ったり，宿題を出して自立的な成長を支援している。

　リーダーの役割を翻訳すると，人をリードする人である。リードするとは，自分が行きたいところに部下を一緒に連れて行くことだ。ということは，部下も自ら進んで自分もそこへ行きたいという気持ちになることである。なぜその場所に行かなければならないのか，なぜそうしなければならないのかを，リーダーは部下に分かるように説明する責任（アカンタビリティ）がある。組織が目指す方向に自ら行動を起こし，部下をリードする強さが大切である。

2－4　改善と改革の違い

　改革とは，目指す目標に対して「できない，難しい」とは言ってはいけないものである。特に中高年層の多くが賛成する目標は，改革目標とはいえないだろう。改革とは，9割の社員が反対する目標と考えて欲しい。改革を進めるときは，現状業務の流れにとらわれ過ぎると，その改革案は骨抜きになることが多い。目標はあるべき姿（戦略，ビジョン，戦術）をしっかりと描き，5年先くらいを見て制度設計を行うのが良いやり方である。問題は制度案ができたときに，旧制度からこのあるべき改革案にどうスイッチするかである。

　現状業務とのギャップ修正をスムーズに行うにはどうしたらよいのか。一般的にはあまり急激な改革は刺激も大きく反発もあるので，できるだけ穏やかな運用基準を作り，既得権を丁寧に保障しながら新制度に移行するのが上手なやり方といわれる。改革案をスムーズに社員に理解してもらうためには，少なくとも3年程度の助走期間が必要とされる。そのため，運用基準を作り実施するのが成功の鍵になる。運用を上手くやらないと改革は一向に進まない。

改革を進めるときには，改革案導入のメリット，デメリットを明確にして取り組むことになるが，メリットが大と判断したときに改革案はスタートする。改革の推進は，成果目標やスケジュール，手段，方法，担当者等を明確にして取り組むことになる。

　これに対して，改善とは現状の問題点の見直し，修正，解決を意味するもので，今までの仕事のやり方や価値観の変更を意味した改革とは一線を画している。

　人事・賃金制度の改善・改革は人事だけの課題ではなく，重要な経営問題でもある。産業分野によっても異なるが，専門職の多職種集団である免許産業，例えば学校，病院，建設などの改善・改革はトップダウン方式ではなかなか社員の理解が得られない。

　上手く進めるには人事改革プロジェクトを作る必要がある。そのプロジェクト委員長は必ずしも総務部長とか人事部長とは限らない。現場を代表する営業マンや生産部員，医療機関では医師や看護師など，職種群の現場社員をメンバーに入れる。要は現場をよく知るリーダーシップのある者を選抜する。これらの力のある者が推進者になれば，改善・改革の半分が成功したといえる。人事課とか賃金課はあまり表面に出ず，黒子に徹するのがよい。

　問題は現場の担当者がリーダーになる場合，人事は全くの畑違いの仕事であり，知識がないことである。最低限の知識は必要であるため，セミナーに参加したり，成功企業の事例を収集（参考資料，図書，会社見学，外部講師の招聘などによる勉強会）するなどの勉強が必要である。

　各社の成功事例を見てみると，なまじっかの知識を持つメンバーよりも，全く何も知らない素人がメンバーに入ったほうが成功の可能性が高いことが分かる。多少の知識のある者だと，現状にとらわれYes−Butの既得権案になってしまう，すなわち，改善・改革を進める本来の目的を忘れ，既得権維持派との確執論議になる場合が多い。

　また，人事改革プロジェクトも流動的組織であるので，トップから辞令を発令し各人の役割を明確にしてスタートするのが成功への鍵になる。したがって，どんなメンバーでチームを編成するかが改革の成否を決める。役職や肩書だけ

でメンバーに入れるわけにはいかない。経営方針や事業計画をよく理解し，実践行動を起こしてくれる人でなければ困る。自分や所属チームの利益を第一優先に考え，上手く立ち回る人は適任者ではない。組織全体の発展を考えられる人，組織ニーズも理解しながら経営環境の変化を先取りできる人が適任者である。メンバーは改善・改革案作成の役割も持つので，前向きで建設的な意見を提言できる能力者であって欲しい。また，決められたスケジュールの中で成果を出さなければならないので，計画的，意図的に業務を進めることができる業務推進力に優れ，使命感のある人をメンバーに加えるべきである。

2－5　基礎体力をつけ日本型成果主義へ

　若いうちから結果，結果といって，結果ばかりを追求すると人間は萎縮してしまう。成功とは，10個の失敗の中からたった1個の成功が生まれるものだ。「失敗をしてもいいから挑戦してみろ，責任は俺が取る，やってみろ」。こんな上司に出会いたいものだ。成果を問うためにはステップがあり，まず基礎能力（仕事力ともいう）をつけなければならない。能力主義（職能資格等級制度）の修得，習熟能力を身につけなければならない。40歳までに数多くの職務を経験し，40歳以降職業人として力強く生きていくための専門能力（修得・習熟能力）を身につけておかなければならない。40歳を過ぎたら役割・成果主義の結果で勝負する。能力の土台がしっかりとできていれば，身につけた力はどこでも活かすことができる。能力があってこそ実力となり，そのうえに成果の花が咲く。

　ジョブ型賃金の導入など，人事・賃金制度の改善・改革は何のためにやるのか，ただ改革のための改革ではない。目的はただ1つ，自社の高レベルの利益獲得のためであり，そのために他社にない顧客満足のサービスを提供することにある。

　新型コロナウイルス感染拡大により，「仕事が変わり，働き手の意識も変わり，そして組織風土も変わり，リモートワークが定着した」。従来の常識は，ある日突然非常識になった。働く環境の変化に戸惑いを隠せないサラリーマンも多いが，私たちは変わらなければならない。変わるための課題を社員1人ひ

とりが自分の持ち場で共有することが，改善・改革の一歩目のステップである。それは，変わる顧客ニーズを素早く理解し，即対応が取れる人材を育てることでもある。

　自社の実態を知ること，部署や職務の課題を洗い出すことから始め，時流に即した仕事ができるか，遅れず意識改革ができるのかは，経営層，上級管理職の双肩にかかっている。

　改善・改革にはCSR（企業の社会的責任）を踏まえて，より高い社会貢献を求めてのチャレンジが求められるが，これらの目標の達成は，各現場レベルでの社員1人ひとりの地味な日常業務の見直しと改善から始まるのである。

図表 5 - 2　基礎体力をつけ日本型成果主義へ―まとめ

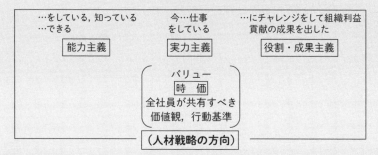

再構築の方向
昇格，昇進，賃金（昇給）の再編

処遇基準	考え方	狙い	人事評価	運用
昇格	能力主義	人材の育成	能力主義	降格なし
昇進	実力主義	人材の活用	実力主義 コンピテンシー評価	降職あり
賃金 （昇給）	前半：能力主義	人材の育成	役割評価	降給なし
	後半：役割・成果 主義	定年までの人材活用	業績評価	降給あり
組織風土	加点主義	個の尊重 チャレンジ	アセスメント	目標面接 公募制度

おわりに

　昨今，有期雇用の社員と正規社員の待遇格差が不合理として争われた訴訟問題で，最高裁が下した判決に注視したい。

　事例は，大阪医科大学（現大阪医科薬科大学）の元アルバイト職員と東京メトロの子会社であるメトロコマースの元契約社員が，それぞれ賞与と退職金の不支給は不合理として是正を求めた事件，さらに日本郵便の正社員と契約社員の手当や休暇の差の是非が争われた事件である。

　大阪医科大学事件では，元アルバイト職員と元契約職員は正社員と同じ仕事をしているのに賞与と退職金の不支給は不合理として是正を求めたが，最高裁は賞与と退職金の不支給が不合理とまではいえないとの判決を出した。しかし，日本郵便事件では扶養手当や夏期・冬期休暇などが契約社員に与えられないことは不合理の格差に当たると判断し，退職金や賞与を巡る判決と手当てや休暇などを巡る判決で判断が分かれた。このように判断が分かれた背景には，経営側は「退職金の支給は長期的な雇用継続のインセンティブ」であると主張し，この主張が認められたと学者は推論する。一方，手当や休暇の問題も，手当支給の趣旨や役割の違いなどを踏まえて，待遇差を合理的に説明できるかを考え直す必要があると弁護士が助言をしている。

　この2つの判例から考えられることは，人事・賃金制度は理論的に，また合理的に説明できるものでなければならないということである。特に賃金については，1円たりとも説明できないものはないか再確認する必要がある。制度は理論をベースにして合理的に基準化し，規定にしておくことが大切である。

　人事・賃金はいかなる場合でも公平、公正であるべきであるが，ややもすると基準や規定に縛られ，環境適応力を失う場合が多々ある。例えば，人事考課を1つの例示として考えてみよう。新型コロナウイルス感染拡大の収束が未だ見えない状況下の今，対面活動に注意しながら日常業務を遂行しているときに人事考課をしっかりやることが正しいのかである。

人事考課結果の事実の記録は必要だが，賃金処遇に格差を反映することは組織活性化にベストな方法なのかを考える必要がある。人事考課はあくまでも組織活性化のための一手段，方法に過ぎないものであるはずだが，人事考課のための人事考課になり，これが仕事になって目的と手段が入れ替わってしまっている場合が多々ある。人事考課結果の記録は将来の能力開発やキャリア形成の基礎資料として保管し，活用することが大切ではあるが，今期の人事考課の処遇（昇給，賞与）への反映は，同一職階，同額支給（昇給，賞与）という場合もあるだろう。自社の経営，社員の働き状況や組織活性化状況を考え政策（実務運用）を考えるのが人事責任者の役割であり，重要な職責でもある。

　基準や規定，制度は，あくまでも組織業務をスムーズに遂行するためのルールである。しかし，大切なことは，この基準や規定，制度を活用して社員の成長と幸福に，そして組織の発展に結びつくものでなければ何の意味もないと筆者は確信している。

■著者略歴

齋藤　清一（さいとう　せいいち）

最終学歴：埼玉大学大学院，経済科学研究科，経済科学，博士後期過程終了。博士（経済学）。
主な略歴：民間製薬会社に入社，人事課長歴任，産労総合研究所（日本賃金研究センター主
　　　　　任アドバイザー），敬愛大学経済学部講師，東京医科歯科大学大学院非常勤講師，
　　　　　立命館大学客員教授，同大学医療経営研究センター副センター長，滋慶医療科学
　　　　　大学院大学客員教授を歴任。
　　　　　現在，人事賃金管理センター代表取締役，日本病院人事開発研究所代表幹事，立
　　　　　命館大学上席研究員，平安女学院大学，おもてなし学会理事，名南経営コンサル
　　　　　ティング特別顧問，ほか。
所属学会：日本経営倫理学会，日本労務学会，日本おもてなし学会理事，ほかに所属。

[主な著書]
『シニア社員の活かし方・処遇の仕方』『職能給の再構築と日本型成果主義賃金の実践テキス
ト』（中央経済社），『加点主義人事制度の設計と運用』（同友館），『職能給の決め方がわかる
本』『人事考課実践テキスト』『職務調査の進め方・活用の仕方』『人事労務相談100問100
答　第2章（賃金管理の実務知識)』『成果主義人事・賃金Q&A（業績考課に関するQ&A)』
『病院人材育成のための人事考課・面接訓練ケース100問100答』『病院職種別等級別職能要件
書マニュアル全集』『病院人材育成とコンピテンシー活用の仕方』『病院人事・賃金制度策定
事例集』『病院人事賃金の革新』『医師の賃金はこう決める』（以上，経営書院），『あなたの
部下になりたい』（税務経理協会），『甦る病院経営　人事賃金制度改革のすすめ方』（医療タ
イムス），『病院・施設の人事賃金制度の作り方』（日本能率協会マネジメントセンター），他
多数。

[主なDVD]
『加点主義目標面接（CBO）とは2〜3巻』『病院における人事考課　理論編・実務編』（以上，
日本生産性本部），『賃金シリーズ「これからの資金体系のあり方」「新しい賞与制度の設計
と運用」「賃金と切り離したポイント制退職金の設計と運用」』『甦る病院経営　人事賃金改革
の進め方』『加点主義人事考課制度の進め方』『人事考課ケーススタディー』（以上，ALCS総
合事務所），他多数。
http://www.jinjitinginkanri.sakura.ne.jp/

人事・賃金の基本と実務運用の仕方がわかる本

2022年8月1日　第1版第1刷発行

著　者　齋　藤　清　一
発行者　山　本　　　継
発行所　㈱中　央　経　済　社
発売元　㈱中央経済グループ
　　　　パ ブ リ ッ シ ン グ

〒101-0051　東京都千代田区神田神保町1-31-2
電　話　03 (3293) 3371 (編集代表)
　　　　03 (3293) 3381 (営業代表)
https://www.chuokeizai.co.jp
製版／三英グラフィック・アーツ㈱
印刷／三　英　印　刷　㈱
製本／㈲　井　上　製　本　所

© 2022
Printed in Japan